Kornelius Pätkau

Aus Seiner Fülle

Gedichte zu jedem Anlass

Band 1

Logos Verlag

Kornelius Pätkau

Aus Seiner Fülle - Gedichte zu jedem Anlass

1. Auflage 2000

Bearbeitung und Redaktion: Joachim Krause, Lage
Satz: Thorsten Plaß
ISBN 3-933828-65-1
Bestell Nr. 90-5-541

Inhaltsverzeichnis

Vorwort

Hiermit möchte ich kurz berichten, wie ich dazu kam, Gedichte zu verfassen und in Gedichtform zu übersetzen.
Schon als Kind war ich sehr lernbegierig. Vor dem Krieg, 1939-1942, erlernte ich die russische Sprache, und als die deutschen Truppen im letzten Jahr des Krieges die Ukraine besetzten, durfte ich in der Zeit von 1942-1943 zwei Jahre deutsch lernen. Ab 1944 lernte ich wohl auch noch ein wenig hier und da, aber nicht mehr regelmäßig, denn es war ja Krieg. Und doch hat mir das Wenige, das ich gelernt hatte, ausgereicht, um auch heute noch beide Sprachen (ganz natürlich) sprechen zu können. Gott sei die Ehre!
Nur aus Gnaden bin ich, was ich bin.
Zum Dichten bin ich eigentlich durch russische, geistliche Lieder gekommen, von denen ich 90 ins Deutsche übersetzte, da der Herr mir auch ein musikalisches Gehör gegeben hat.
Nachdem ich nun einmal angefangen hatte, wurde ich auch immer wieder gebeten: "Schreibe mal zu diesem oder jenem Thema ein Gedicht" oder "Übersetze doch dieses oder jenes wunderbare Gedicht ins Deutsche, ich möchte es aufsagen" u.s.w.. Viele Gedichte sind hier nicht enthalten, weil sie auf einzelne Personen zugeschnitten sind.
Hier ein Beispiel: Ein Bruder kam zu mir und sagte: "Ich habe die ganze Bergpredigt auf Russisch in Gedichtform verfasst; soll die hier jetzt liegen bleiben? Übersetzte es doch bitte ins Deutsche!" Das waren 66 Kurzgedichte, und es dauerte 2 Jahre, bis sie fertig waren, weil fortwährend andere Arbeiten dazwischen kamen.
Die meisten Gedichte schrieb oder übersetzte ich seit 1976 hier in Deutschland. Von selbst fiel mir nur selten ein

Thema ein, worüber ich schreiben sollte; so schrieb ich meistens auf Wunsch.
Bei den Liedern ist es anders: Es beginnt mit der Melodie, und dann sucht man den Text dazu.
Die köstlichsten Minuten meines Lebens sind solche, in denen ich sitzen und zuhören darf, wie ein Chor eines meiner Lieder singt. Was mir aber Gott, der Herr, nicht gab, sind gute Augen. Ich bin sehr kurzsichtig, so dass meine Nase, während ich schreibe, nur ca. 12-15 cm vom Papier entfernt ist. Aus diesem Grund habe ich auch nie einen Beruf lernen können, z.b. im Handwerk, und habe so etwa 43 Jahre schwere bzw. Schwerstarbeit verrichtet; dazu gehörten beispielsweise 10 Jahre Waldarbeit, 3 Jahre im Steinbruch, einige Jahre Hoch- und Tiefbau und Pflasterarbeiten als Hilfsarbeiter. Inzwischen bin ich nunmehr 9 Jahre Rentner; auch das ist Gnade Gottes.

Kornelius Pätkau, Espelkamp

Sieg im Herrn

Du sagst: Ich bin ein Gotteskind, - ´s ist wahr!
Bin Gottes Himmelsbürger schon auf Erden.
Dann sag mir: Ist vor Gott dein Leben klar?
Trägst du geduldig Kränkung und Beschwerden?
Ist Demut dein Panier im Heil´gen Krieg,
wenn man dich übersieht, vergisst, beleidigt?
Hast du gedankt dafür, statt dich verteidigt?
Dann gibst du Gott die Ehre: das ist Sieg.

Du tust das Gute, - man verspottet dich;
Dein Wunsch, Geschmack und Ansicht wird gemieden;
auch deinen Rat macht man oft lächerlich;
trägt du´s wie Jesus, liebend und mit Frieden?
Hast du dein „Ich“ besiegt im heil´gen Krieg?
Kannst du in jede Lebenslag´ dich schicken,
in Nahrung, Kleidung, ja in allen Stücken?,
dann gibst du Gott die Ehre: das ist Sieg.

Kannst du ertragen jedes Missgeschick?,
Unstimmigkeiten, die zum Zorn dich reizen?,
wenn man gefühllos auf den Nächsten blickt,
gleichgültig sündigt und sich neigt zum Geize?
Ringst du, wie Jesus rang im heil´gen Krieg?
Flehst du für die, die oft dir schlagen Wunden?
Hast du die Selbstsucht gänzlich überwunden?
Dann gibst du Gott die Ehre: das ist Sieg.

Übersetzt: K. P.

Am Kreuz auf Golgatha

Komm, lass zum Kreuz uns öfter gehen,
dort fängt erst mal dein Leben an;
denn auf Golgatha ist einst geschehen,
was dich froh und selig machen kann.
Dort floss einst für mein´ und deine Sünden
Christi Blut vom Kreuzesstamm herab,
dort kannst du den Weg zum Himmel finden,
denn für dich ging Jesus Christ in´s Grab.

Geh niemals an Golgatha vorüber,
lenk zum Kreuz die Schritte stets auf´s Neu´!
Hier wird rein und hell, was grau und trübe,
und dein Herz wird glücklich, froh und frei.
Sonst wirst wahres Glück du nirgends finden,
komm zum Kreuz, hier ist es dir so nah!
Nimm es an, dann kannst auch du verkünden:
„Wahres Glück blüht nur auf Golgatha!"

Hier wird still´ der Seele banges Sehnen,
hier nur scheint der Hoffnung wahres Licht;
hier wischt Jesus ab auch deine Tränen,
hier traf Ihn für uns das Zorngericht.
Sind seitdem dahin auch viele Zeiten,
dennoch tönt der Ruf noch fern und nah:
„Heil dem Lamm, in alle Ewigkeiten,
das einst starb für uns auf Golgatha!"

Übersetzt: K. P.

Mein Herz

O armes Herz, wieviel´ ruh´lose Stunden
hast du mit mir auf dem Wege erlebt.
Oft, wenn mir drohten Gefahren und Wunden,
fühltest du es und hast ängstlich gebebt.

Siehe, auch jetzt, da ein Unglück du witterst,
das uns der Herr wohl zur Prüfung gesandt,
passt es dir nicht, und schon bebst du und zitterst,
suchst nur das Glück an des Heilandes Hand.

Halt´ nun, sei still! Sieh, - die Welt ist verlogen,-
doch grad´ durch sie führt der Weg himmelan!
Oft wirst du traurig hier sein und betrogen,
und anstatt Glück wird das Leiden dir nahn.

Oft wirst, mein Herz, du dich bebend noch bäumen,
und meine Brust als zu eng für dich sehn!
Lass dir von Freude und Glück nicht viel träumen,
schmal ist und dornig der Weg, den wir gehn.

Zage nicht! Glaube nur! Gott steht zur Seite!
Niemals lässt Er dich im Kampfe allein.
Wirst gegen Sünde und Welt treu du streiten,
glauben und beten, so ist der Sieg dein!

Auf denn mein Herz! Sei dem Heiland ergeben!
Lasst uns Ihm folgen mit freudigem Drang!
Lass von dem Pochen, dem Zittern und Beben,
mach mir in Zukunft damit nicht mehr bang.

Übersetzt: K. P.

Laodicäa

Noch dringt das Wort von Jesu Liebe
in Herz und Sinn durch Gottes Geist,
drum prüfe, Christ, des Herzens Triebe,
ob du auch tust, was Christus heißt.

Brennt in dir heut noch das Verlangen,
dem Herrn zu dienen ganz und gern?
Oder hat Frost dein Herz umfangen,
ist es steinhart, vom Glauben fern?!

„Nur nicht extrem, fanatisch werden“,
sagt eine Stimme, „Hör auf mich!
Du kannst Gott dienen hier auf Erden,
doch denke auch etwas an dies:

Du gehst zur Kirche, singst dort Lieder,
führst auch ein Leben, wie sich´s ziemt;
liest auch die Bibel hin und wieder,
hast auch mit Spenden Gott gedient!

Und wenn dich mal im Gotteshause
dein Leib zum Schlummer mächtig zieht,
so gönn´ ihm eine kleine Pause,
der Leib ist schwach, d´rum dies geschieht!“ -

Ist dieses Werk dem Feind gelungen,
ist deine Wachsamkeit besiegt!
Sagt er: „Ein Christ lebt ungezwungen,
ein Sünder bist du ja nun nicht!“

So hat die Lauheit dich umgeben.
Du bist nicht kalt, doch auch nicht warm;
Du lebst Laodicäas Leben, denkst:
„Ich bin reich“, lebst ohne Harm.

Doch Gottes Wort bezeugt uns strenge:
„Es gibt die gold´ne Mitte nicht!“
Kann Feuer man mit Wasser mengen,
und mischt sich Finsternis mit Licht?

Drum wache auf, Laodicäa, und schände
Christi Kreuz nicht mehr!
Denn du bist nur ein Pharisäer,
lebst du nicht ganz zu Gottes Ehr!

Wo ist dein Eifern, wo dein Flehen?
Wo ist zum Dienst des Herrn die Lust?
Kannst du nach deinem Zustand sehen?
Wohnt Reue noch in deiner Brust?

Kehr´ um zu Gott solang es möglich,
wach´ auf, steh´ auf, besinne dich!
Gib Ihm dich ganz, und bete täglich,
dann stößt der Herr dich nie von sich!

O lauer Christ! Laodicäaer! Kehr´ um,
stell dich in Jesu Reih´n!
Das Morgenrot kommt immer näher!
Tu´ Buße, eh´s zu spät wird sein!

Übersetzt: K. P.

Das Ziel

Oft ist so schwer es zu gehen,
wenn steil und dornig der Pfad.
Wie tut´s den Füßen so wehe,
wenn sie verwundet und matt.
Zweifel die Seele umgeben,
ihr Gift den Glauben verscheucht:
Gab´s nicht auch im Erdenleben
solche Minuten bei euch?

Schwer drückt das Kreuz noch beim Tragen,
dass es scheint: Jetzt fällst du hin!
Wie soll ich weiter es wagen?
Wer hilft mir vorwärts zu ziehn?
Wo find´ ich Kräfte zum Streben,
damit das Ziel ich erreich?
Gab´s nicht auch im Erdenleben
solche Minuten bei euch?

Da fiel auf Knien ich nieder,
schloss zu des Kämmerleins Tür;
fand dort zu Gott den Weg wieder,
rang im Gebet: „Hilf Du mir!"
Fand dort Kraft, mich zu erheben;
Tränen das Herz machten weich:
Gab´s nicht auch im Erdenleben
solche Minuten bei euch?

Oh welch´ entzückenden Stunden sind´s,
die das Leben erneu´t;
wo Trost und Ruh ich gefunden;

Glauben und Frieden und Freud!
Engel im Himmel erheben, singend
den Herrn und Sein Reich:
Gab´s nicht auch im Erdenleben
solche Minuten bei euch?

Übersetzt: K. P.

Der Glaubenskampf (I)

Bist du im Glaubenskampf müde und matt,
setzt dir der Feind mächtig zu?
Bist wie Elia vom Leben du satt?
Suchst du im Sterben die Ruh?
Such´ keinen Busch in der Wüste dir auf!
Weiche vor Isebel nicht!
Kraft gibt der Herr dir zum ferneren Lauf,
folge nur treu deiner Pflicht.

Gott will nicht mutlos im Leben dich sehen;
Er kennt dein Leid, deine Not.
Gott kann dich recht, - wie kein and´rer versteh´n,
gab Seinen Sohn in den Tod.
Jesus nahm auf sich die Schuld aller Welt,
trug sie ans Kreuz auch für dich;
doch Er erstand auch als siegreicher Held,
dachte an uns, nicht an Sich.

„Nehmet mein Joch auf euch, lernet von Mir!“
so ruft selbst Jesus uns zu.
Nichts, was zu schwer ist, legt Er auf dich hier,
schenkt nach dem Schmerz wieder Ruh.
Beben die Felsen, tobt Feuer und Wind,
geh´ wie Elia voran!
Gott lässt dich nimmer, denn du bist Sein Kind,
und Jesus brach uns die Bahn.

K. P.

Der Glaubenskampf (II)

Will dir im Glaubenskampf Hoffnung manchmal schwinden,
wenn mit Versuchung dich die Welt oft schwer bedroht?
Will dich der Feind schon mit Betrug und Weltlust binden?
O reiß dich los, und klag´ dem Herrn des Herzens Not!

Will schwerer Kummer dich im Leben niederdrücken?
Bist du im Seelenschmerz betrübt bis an den Tod?
Ist nichts mehr da, das deine Seele kann erquicken?
O reiß dich los, und klag dem Herrn des Herzens Not!

Und hat der Herr dir gar dein Liebstes weggenommen?
Tobt wie ein Sturm der Zweifel mächtig um dein Boot?
Fühlst du der Trübsalshitze Pein, bist du beklommen?
O reiß´ dich los, und klag dem Herrn des Herzens Not!

Er, der für dich Sein Leben gab, wird dich beschirmen!
Hält Kraft und Mut für dich bereit im heil´gen Krieg!
Mög´ gleich des Satans ganzes Heer sich um dich türmen,
wenn du auf Jesus schaust, führt Er dich doch zum Sieg.

K. P.

Zwei Ähren

Lassen wir uns mal belehren,
was auf einem Feld geschah;
Sieh, ein Halm trug eine Ähre,
hoch erhaben stand sie da.
Stolz das Haupt emporgehoben,
selbstzufrieden, schlank und schön,
lächelnd schaute sie von oben,
wie die andern wohl ausseh´n.

Sieh, da steht schon eine Ähre,
tief gebeugt bis in den Staub;
„Nein, - so etwas zu begehren,
hätte ich mir nie erlaubt!“
Voll Verachtung spricht die Ähre
ihre Nachbarin nun an:
„Hör mal zu, lass dich belehren,-
heb´ dein Haupt auf, sei ein Mann.“

„Schau mal, wieviel´ and´re Ähren
aufgerichtet stehen fein!
Und – willst kommen du zu Ehren -
dann musst du zu sehen sein!
Freilich gibt´s auch welche Ähren,
die, wie du, schaun in den Staub,
und auch uns noch wollen wehren
zu erheben schön das Haupt.“

„Doch wie seht ihr aus, ihr Armen,
beinah hässlich, krumm, gebückt!
Ach, ein Anblick zum Erbarmen;

wen ihr wohl damit beglückt?
Sieh uns an, wir steh´n gerade,
hoch das Haupt der Sonne zu,
und schaut, wer auf´s Feld vom Pfade,
der sieht uns, - und wo bleibst Du?"

Eh´ sie konnt den Rücken kehren,
kam der Ernte Herr auf´s Feld:
„Ach wie wenig volle Ähren!"
spricht Er traurig, ja entstellt.
„Diese Ähre steht wohl prächtig,
die der Wind gemächlich wiegt,
Doch das ist ja grad´ verdächtig,
weil das Haupt sich gar nicht biegt.

Als Er besser will betrachten,
ob das Ahnen Wahrheit wär´,
horch, da spricht Er traurig sachte:
„Ach, die Ähre ist ja leer!"
Dann sieht Er die and´re Ähre,
und sich freudig zu ihr neigt:
„Möge deine Frucht sich mehren,
macht nichts, dass du stehst gebeugt!"

Seht wie sich die Körnlein reihen
vierfach an der Ähre Haupt:
Solche Frucht kann wohlgedeihen,
weil der Stolz sie nicht beraubt.
Gerne beug ich meinen Rücken,
weil die Last der Körnlein drückt:
Und will sich´s nicht anders schicken,
nun, dann geh ich halt gebückt.

Welcher dieser beiden Ähren,
gleichen wir im Lebenslauf?
Heben wir zu uns´rer Ehre
stolz das Haupt zur Sonne auf?
Ist dem so, dann drängt der Hochmut
alles aus dem Herzen fort:
Liebe, Treu, Geduld und Demut, -
und bald steh´n wir leer am Ort.

Doch, wenn wir uns gerne beugen
vor dem Herrn und jedermann,
werden bald sich Früchte zeigen,
die ein jeder sehen kann.
Mag die Welt auch spöttisch lachen,
unser´n Wandel prangen an,
uns zu Übeltätern machen, doch nur,
wenn sie lügen d´ran.

Wenn wir das geduldig tragen,
liebend, demütig und recht,
wird der Meister zu uns sagen:
„Ei du frommer, treuer Knecht!"
Drum nur mutig, volle Ähren!
Drückt hier auch der Körner Last;
nach der Ernte wird bescheren
euch der Herr im Himmel Rast.

Dann wird sammeln in die Scheune
uns´re Früchte Gottes Sohn;
und wenn wir vor Ihm erscheinen,
schenkt Er uns die Lebenskron.
Bruder, Schwester, welche Stellung

nimmst du ein in Gottes Reich?
Wandelst du nach Gottes Willen,
folgst du gern Ihm, ganz und gleich?

Beugst du gern vor Gott dich nieder,
Ihm zu lieb, bis in den Staub?
Oder streckst du deine Glieder
hoch empor samt Herz und Haupt?
Ehrgeiz, Stolz und Hochmut
bringen uns nur Schmach und Herzeleid:
Lasst uns nach der Demut ringen,
das bringt Frucht in Ewigkeit!

Auf, Geschwister, regt die Hände,
sammelt Früchte weit und breit!
Bald wird Gott die Schnitter senden:
Ist die Ernte dann bereit?
Weiht drum Jesus euer Leben!
Bleibt dem Herrn der Ernte treu!
Wer hier will nach Hochmut streben,
den verweht der Wind wie Spreu.

Übersetzt: K. P.

Wie die Saat, so die Ernte

Irret euch nicht, denn Gott lässt sich nicht spotten!
Was der Mensch sät, das gedeiht und bringt Frucht!
Folgst du dem Licht oder finsteren Rotten?
Hast früh und spät deinen Gott du gesucht?
Liefst du mit denen, die Ihm sich entfernten?
Denn was der Mensch sät, das wird er auch ernten!

Irret euch nicht, denn Gott lässt sich nicht spotten!
Trägst du das gottselige Wesen zum Schein?
Solch ein Schatz taugt nur für Rost oder Motten;
Willst du ein Leugner der Gottes Kraft sein?
Jene Verführer zum Schein auch viel lernten:
Denn was der Mensch sät, das wird er auch ernten!

Irret euch nicht, denn Gott lässt sich nicht spotten!
Freund, komm zu Ihm, weil es heute noch heißt!
Gib Gott dein Herz, - laß dein „Ich" Ihn verschrotten;
Nie Er den, der zu Ihm kommt, von sich weist! -
Lass sie, die hier nach der Weltlust nur schwärmten,
denn was der Mensch sät, das wird er auch ernten!

Irret euch nicht, denn Gott läßt sich nicht spotten!
Wer auf das Fleisch sät, der erntet den Tod
„Sät gute Früchte", so hat Er geboten:
Wer auf den Geist sät, entrinnt aller Not!
War nur die geistliche Saat hier dein Streben,
erntest zum Lohn du vom Herrn ew´ges Leben.

K. P.

Der Herr kommt bald

A: „Der Herr kommt bald!“ so hör ich oftmals sagen;
„Die Welt ist böse, Nacht ist´s um uns her.“
„Wie soll man das verstehen?“ möcht ich fragen,
„wie steht es wirklich, weißt Du davon mehr?“
Wohl warten lang schon auf den Tag die Frommen;
Doch ist der Herr bis jetzt noch nicht gekommen.

B: „Der Herr kommt bald!“ ist heut erst recht die Wahrheit!
Selbst Jesus sagt: „D´rum seid auch ihr bereit!“
O bitte Gott um Weisheit, Kraft und Klarheit,
dass dieser Tag dir wird zur Seligkeit!
Hast Du vielleicht Ihn noch nicht angenommen?

A: Doch, ich bin Sein, Gott nahm mich an aus Gnaden.
Ich lieb Ihn auch, doch kann ich´s nicht versteh´n,
warum oft eng und steil des Meisters Pfade;
könnt man nicht frei und froh zum Himmel geh´n?
Statt glücklich sein, fühl ich mich oft beklommen,
und kann mich nicht recht freu´n auf Jesu Kommen.

B: Das ist es, dass die Nacht Dich will umfangen;
das ist es, dass die Welt so böse ist!
Die Sünde lockt, - nach Dir hat sie Verlangen,
kannst über sie Du herrschen als ein Christ?
Ja, wenn Du tust, was Dir nicht dient zum Frommen,
dann ist statt Jesus, Nacht in´s Herz gekommen.

A: Das will ich nicht, doch ring ich oft vergebens,
weil eine and´re Macht mich rückwärts zieht;
sie reißt mich fort im breiten Strom des Lebens,

doch spür ich´s, wie mein Herz vor Gott dann flieht.
Bald hat es dann die Weltlust eingenommen,
und so vergaß ich oft von Jesu Kommen.

B: Der Herr kommt bald! Wer Ohren hat, der höre,
was Gottes Geist heut´ den Gemeinden sagt!
Des Feindes Ziel ist, dass er dich betöre,
dass du den Ruf nicht hörst: „Steht auf! Erwacht!"
Hat dir der Feind schon Glück und Freud´ genommen,
dann bist du nicht bereit auf Jesu Kommen.

A: Wie soll ich Glück und Freud denn wieder finden?
Ich bet´ doch jeden Tag, les´ Gottes Wort!

B: Wo Weltlust zieht ins Herz, da folgt auch Sünde,
jedoch nicht ganz. Er klopft. Hast du´s vernommen?
Er will bereiten dich zu Seinem Kommen.

A: Muss ich mich denn von allem ganz entsagen?
Darf mich denn nichts auf Erden mehr erfreu´n?
Stehn wir denn wirklich schon in diesen Tagen,
wo Jesus kommt, die Seinen zu befrei´n?

B: Ist nicht der Unzucht Gipfel schon erklommen?
Das zeigt uns klar, dass Jesus bald wird kommen.

B: Siehst du nicht, wie die Welt zum Krieg sich rüstet?
Statt einem Schwert, jetzt Atombomben sind!
Der Mensch kann´s sein, der alles selbst verwüstet:
Es braucht nicht Sintflut, Feuer sein und Wind.
Das Unrecht macht sich breit, auch bei den Frommen!
Glaubst du es jetzt, dass Jesus bald wird kommen?

A: Ja – du hast recht: die Welt ist sehr verdorben.
Das Unrecht hat gar manchen schon gefällt.
Durch Mord und Terror mancher ist gestorben,
voll finstern Mächten, Drogen, ist die Welt.
O hilf mir Herr, der Hölle zu entkommen!
Und mach mich würdig, wenn Du jetzt willst kommen!

B: Kind Gottes, auf! „Es ist die letzte Stunde!"
rief einst Johannes zu der Christenheit;
Sieh – Israel erwacht! Drum nur Sekunden
sind uns geblieben für die Gnadenzeit!
Sieh, wie der Welt der Atem ist genommen,
dass dieses Volk nun in Sein Land gekommen!

Drum macht euch auf, noch ist es nicht vergebens!
Noch steht die Gnadentür geöffnet weit!
Kommt, wer dies glauben kann, zum Fürst des Lebens!
Er macht euch würdig für die Ewigkeit.
Der alle Schuld der Welt auf Sich genommen,
vergibt auch dir, drum komm eh Er wird kommen!

K. P.

Bei Jericho

Bei Jericho am Wege, verlassen, ohne Pflege
saß einst ein blinder Mann am Straßenrand.
Was war des Mannes Streben? Er bettelte für´s Leben,
doch leider kam oft nichts in seine Hand.
Es konnte Bartimäus nicht sehen, wie Zachäus,
nur wenn er Schritte hörte, bat er dann:
„Oh Leute habt Erbarmen, helft einem blinden Armen!"
Und oft fing er zu weinen bitter an.

Doch als an einem Morgen er wieder sitzt voll Sorgen,
da hört er schon von ferne ein Geschrei;
Er hört, wie eine Menge sich naht ihm mit Gedränge,
da fragt er einen Mann, was das wohl sei?
Der will nicht lange weilen, sagt nur im Weitereilen:
„Der Nazarener, Jesus, geht vorbei!"
Da kommt ihm der Gedanke: „Er heilt´ ja Blinde, Kranke;
vielleicht macht Er auch mich vom Blindsein frei?"

Bleibt wohl der Meister stehen? Da fängt er an zu flehen:
„O Jesus, Davids Sohn, erbarm dich mein!"
Die Leute sich empören: „Sei still, hör auf zu stören!
doch immer lauter wird des Mannes Schrei´n.
Und Jesus hat Erbarmen; bleibt stehen, ruft den Armen
und fragt: „ Was soll ich tun dir, sage an?" –
„Oh Herr, ich möchte sehen!" - „Die Bitte soll geschehen!"
und hat des Blinden Augen aufgetan.

Vielleicht sind hier auch heute noch geistlich blinde Leute,
die hoffnungslos noch schmachten, wie dieser Mann?
Ihr Wunsch ist: Ach nur Groschen, das Glaubenslicht

erloschen, sie seh´n Ihn nicht, der sie erretten kann.
Doch Jesus sucht auch heute verlor´ne, blinde Leute,
Er kommt vorbei, oh, ruf auch du Ihn an!
Wirst du dich zu Ihm kehren, Er wird auch dich erhören
und nimmt von dir der Sünde Blindheit Bann.

K. P.

Dienst

O welch ein Vorrecht ist es, Gott zu dienen!
Ihm, dem Allmächt´gen, der im Himmel thront,
Der Seinen Sohn gesandt, uns zu versühnen,
durch den Er nun in unser´n Herzen wohnt.
Doch wer dient mehr: Gott uns oder wir Ihm,
Den droben preist ein Meer von Cherubim?

Wie hat uns Gott gedient in Seinem Sohn!
Er gab Ihn hin; und Christus kam hernieder,
erlitt für uns den Tod, der Sünde Lohn,
damit Er uns dem Vater brächte wieder.
Dann auferstand der große Siegesheld:
durch Ihn kann nun gerecht sein alle Welt.

Wer könnte solchen Dienst dem Herrn vergelten?
Doch war´s Ihm nicht genug, was Er getan.
Er fuhr ´gen Himmel über alle Welten,
um völlig zu vollenden Gottes Plan,
um Wohnungen uns zu bereiten dort,
uns sandte Seinen Geist Er und Sein Wort.

Seht alles das hat Gott an uns getan!
Wer kann von unserm Dienst wohl viel noch halten?
Und doch, - lasst treu uns dienen Ihm: Wohlan!
Lasst uns mit Ernst und Fleiß Sein Reich verwalten!
Gott gibt uns dazu Weisheit, Kraft und Mut
sehr, welchen Dienst auch hier der Herr uns tut!

Gott hat uns auch beschenkt mit manchen Gaben,
mit denen wir Ihm dienen dürfen hier.

Doch will von uns zum Dienst Er eines haben:
ein ganzes, will´ges, reines Herz dafür.
Wer solchen Herzens Gott zum Dienst sich weiht,
der ist der Welt zum Segen allezeit.

Und denkt wer still: „Mich hat Gott überseh´n,
ich muss vor Ihm mich ohne Gabe beugen.“ –
Nicht wahr! Drei Gaben jedem offen stehn:
Du kannst ein Licht sein, beten, Gott bezeugen!
Wer hierin treu Gott dient, dess´ Lohn ist groß!
Schon manchen brachte dies in Jesu Schoß.

Amen

K. P.

Die Saat

Warum säst du, Freund, am Wege?
Wo zu hart das Land zur Pflege.
Siehst du dort die Vögel kreisen?

Warum säst du unter Steinen?
Ach, mein Freund, - es ist zum weinen!
Wo viel Stein und wenig Erde,
kann aus deiner Saat nichts werden,
sie verwelkt und bringt nicht Frucht.

Warum säst du unter Disteln,
und wo Dornen, Unkraut nisten?
Höre: Reichtum, Weltlust, Ehre,
werden bald dem Wachstum wehren
und ersticken deine Saat.

Doch wer sät auf gutem Acker
und das Feld behütet wacker,
da kann Satan nichts mehr streuen,
es wird wachsen und gedeihen
und bringt hundertfältig Frucht.

Was hast du gesät im Leben?
Wonach war, mein Freund, dein Streben?
War es: „Guten Samen streuen?“
Oder musst du dort bereuen
deine Tat, vor Gottes Thron?

Übersetzt: K. P.

Diene nie wieder der Welt!

Müde bin ich und satt dieser sündigen Welt,
die betrogen mich hat und zu Boden gefällt.

Chor: Lasst mich bitte voran! Lasst zu Jesus mich fliehn,
dass ich sehen Ihn kann und genesen bei Ihm.

Auch Zachäus, ein Mann, suchte Glück in der Welt,
doch er fand es nur dann, als er Christus erwählt.
Oh wie schwer ist´s zu gehen ohne Gott in der Welt,
Fried´ und Ruh´ wird nur sehn, wer an Christus sich hält.
Jesus dienen will ich und nie wieder der Welt,
der aus Liebe für mich in den Riss sich gestellt.

Übersetzt: K. P.

Ich fand in Jesus Fried und Ruh

Ich fand in Jesus Fried und Ruh
von Sünden Not und Schmerz,
denn Er rief mir, dem Sünder, zu:
„Gib mir, mein Sohn, dein Herz!“

Ich legte es auf den Altar,
steinhart, verzagt und kalt;
da gab Er mir, o wunderbar,
ein neues Herz alsbald.

Das alte Herz und alles Weh
nahm mir mein Heiland ab:
Er wusch mich rein, ja weiß wie Schnee,
das Alte sank ins Grab.

Ich fand in Jesus volles Heil,
das Er für mich erwarb.
Sein Himmelreich ward mir zuteil,
weil Er für mich ja starb.

Kein Fremdling bin ich mehr,
noch Gast: bin Gottes Erbe nun!
Seitdem getilgt die Sündenlast,
darf ich in Jesus ruh´n.

Ist oft der Glaubenskampf auch schwer,
greift Welt und Selbstsucht an;
Wacht Er zu mir auf wildem Meer,
der mich erretten kann.

Oh komm auch du zu Ihm,
mein Freund, Der dich unendlich liebt!
Der gern sich auch mit dir vereint,
dir ew´gen Frieden gibt.

Schon lang sucht Er sein irrend Schaf,
o suche Ihn auch du!
Wach auf aus deinem Sündenschlaf,
nur Jesus schenkt dir Ruh!

Hält auch der Feind dich fest mit Macht,
brich durch und reiß dich los!
Gott hält, was Er dir zugesagt,
denn Seine Treu ist groß!

K. P.

Die Harfe

Ruhig und schön war der Abend,
still sich das Abendrot senkt,
nächtliche Kühle so labend
milde der Himmel uns schenkt.
Da tönt vom Bergeshang nieder
Harfenspiel, lieblich, doch schwer;
trautig erklingen die Lieder,
wie wenn in Not jemand wär.

Lauter die Harfe ertönte,
lieblich, bezaubernd und schön;
dennoch als ob sich wer sehnte,
Leiden und Not zu entgeh´n.
Plötzlich die Saiten versagen,
still ist´s ringsum wie im Grab;
bitteres Weinen und Klagen
tönt nur vom Berge herab.

Was ist wohl droben geschehen?
Langsam der Mond höher zieht;
da ist ein Mädchen zu sehen,
wie es am Bergeshang kniet.
Immer noch weinend und bangend,
fleht sie um Gnade zu Gott,
möchte Vergebung empfangen,
frei sein von Sünde und Tod.

Bist du mit Sünden beladen?
Lass nicht verstreichen die Zeit!
Jesus heilt gern deinen Schaden,

komm, gib dein Herz Ihm noch heut!
Komm, denn du kommst nicht vergebens,
komm, weil die Tür offen steht!
Schweigt erst die Harfe des Lebens,
dann ist´s auf ewig zu spät!

Übersetzt: K. P.

Noch ist es Gnadenzeit

Kommt her zu mir! Ruft die Stimme des Herrn;
Frieden, Vergebung gibt jedem Er gern.
Oh überhör nicht des Heilandes Ruf!
Der für den Himmel, mein Freund, dich erschuf.

Nichts nimmt Er dir, was dir fehlen mag hier;
Anstatt Verderben schenkt Frieden Er dir.
Lass nicht verstreichen die köstliche Zeit,
Öffne dem Retter dein Herze noch heut!

Satan will eins nur, daß ihm nach du strebst:
daß du im Finstern, in Sünde hier lebst.
Jesus will helfen; vergibt dir so gern,
Freund, oh verschmäh nicht die Stimme des Herrn.

Siehst du es nicht, wie dein Leben so leer?
Ziellos tappst du in der Wildnis umher!
Suchst zu bekämpfen mit Weltlust die Angst;
Doch droht der Tod dir, vor welchem du bangst.

Noch ist es Gnadenzeit: Mach dich bereit!
Wievielmal rief dir der Herr: „Komm doch heut!"
Zög´re nicht länger, die Zeit schnell vergeht!
Bald kommt der Herr, und dann ist es zu spät.

Übersetzt: K. P.

Komm zu Jesus

O liebeleeres, armes Herz,
Du hast den Herrn noch nicht gefunden,
der gern dich führte himmelwärts,
doch dich hält noch die Welt gebunden.

Du meinst gar glücklich drin zu sein,
doch sag: Bist du auch wirklich glücklich?
Wenn du erst stehst vor Gott allein,
dann merkst du´s doch: Es war betrüglich.

Gewiss hast du von Gott gehört;
vielleicht sogar Sein Wort gelesen?
Die Seele Gottes Mahnung spürt,
dagegen kämpft dein „altes“ Wesen.

Du weißt, dass du Vergebung brauchst,
doch lässt dein Stolz sie dich nicht finden,
dass du ja in den Strom nicht tauchst,
der rein dich wäscht von allen Sünden.

Sag einmal: Worauf bist du stolz
in allem deinem Tun und Streben?
Ist´s nicht nur Stoppeln, Heu und Holz,
die du gebaut in deinem Leben?

Ja – baust du gar auf Jesus Christ,
so muss ich dennoch dir bekennen:
Solch Material untauglich ist,
denn Holz, Heu, Stoppel wird verbrennen.

Lenkt dich der Herr zur Buße hin,
versuchst was and´res du zu denken
oder gar spötteln über Ihn,
anstatt dein Herze Ihm zu schenken.

Merkst du die zarte Liebe nicht,
mit der dich Jesus lockt und warnet?
„Kommt her zu mir!" die Liebe spricht;
Komm! – lass dich nicht vom Feind umgarnen.

Ich will dir geben einen Rat:
Sieh dich einmal in Jesu Lichte.
Ich hoffe dann folgt bald die Tat,
dass du mit dir gehst ins Gerichte.

Wenn du siehst Jesu Heiligkeit,
die Reinheit, ja Sein ganzes Wesen:
Verlangt dich nicht auch danach heut?
Willst du nicht endlich auch genesen?

O glaub an Sein vergoss´nes Blut!
Hier kannst auch du Genesung finden;
Es macht auch deinen Schaden gut
und wäscht dich rein von allen Sünden.

Doch bleibt die Güte ewig nicht,
auch währt nicht ewig Gottes Gnade!
Nach Gnade kommt einmal Gericht;
was wird, wenn du auf falschem Pfade? –

Wenn du musst stehn vor Gottes Thron,
dort kannst du nirgends dich verstecken:

Der Richter ist selbst Gottes Sohn.
Wirst du vor Ihm dann nicht erschrecken?

Denn dreimal heilig ist der Herr;
kein Unrecht kann vor Ihm bestehen;
Dort kennt der Heiland den nicht mehr,
der hier nicht wollte mit Ihm gehen.

Doch heute ist noch Gnadenzeit!
Weit offen sind noch Jesu Arme!
Noch tönt Sein Ruf: „Macht euch bereit,
auf dass Ich euer Mich erbarme!“

„Ich hab bezahlt mit Meinem Blut
für deine Sünd für deinen Schaden!
Ich starb am Kreuz auch dir zugut,
o komm noch heut zum Thron der Gnade!“

Das ist des Heilands Wunsch und Bitt´.
Heut rettet Er, - doch vielleicht morgen
Er schon den Richterthron betritt,
dann hilft kein Bitten, Fleh´n und Sorgen.

Komm, Jesus wartet noch auf dich!
Komm, und du brauchst nicht ewig sterben!
Komm, werde glücklich so wie ich
und du bist auch ein Himmelserbe!

Überarbeitet: K. P.

Mein Jesus

O mein Jesus! – höchster Schatz der Seele!
Gibt es noch ´was Höh´res auf der Welt,
das ich über Dich, mein Herr, könnt zählen?
Nein, o nein, nichts ist Dir gleichgestellt!

Nichts kann sich mit Dir, mein Herr, vergleichen;
nichts ist so an Liebe reich und lind,
nicht die Welt auch nicht des Himmels Reiche,
die auch nur ein Thron des Vaters sind.

Selbst zur Sprache fehlen mir die Worte,
Dich, Herr, zu erklären, wie du bist!
Nichts gibt´s Schön´res mehr, an keinem Orte,
als zu lieben Dich, Herr Jesus Christ!

Du bist ja des Lichtes ew´ge Quelle,
auch der Weisheit, Gnade, Lieb´ und Treu!
Nur in Dir ward´s meiner Seele helle,
Deine Liebe macht das Herz mir neu!

Du, dess´ heil´ge Weisheit ohne Ende,
hast für mich Dich in den Riss gestellt;
ließ´st für mich durchbohren Deine Hände,
Du mein Schutz, mein Hort und Siegesheld!

Du, der seine Jünger nannte „Freunde“!
Du, der „Brüder“, „Schwestern“, die genannt;
die Dir folgen treu in der Gemeinde,
Deinen Willen tun unverwandt.

Ist dies auch mein Wunsch und inn´ges Streben,
Deinen Willen tun und folgen Dir;
dennoch würd´ mein Herz vor Ehrfurcht beben,
sollt´ ich Dich „mein Bruder“ nennen hier.

Du, Herr Jesus, hast noch viele Namen:
Wunderbar-Rat, Kraft-Held, Friede-Fürst, ... ;
doch erklären sie uns all´ zusammen
nicht, wie herrlich, schön und groß Du bist.

Bist Du groß auch, ewig und unendlich
kann Dich schildern auch kein Menschenmund,
dennoch bist Du nahe und verständlich
jedem, der Dich liebt von Herzensgrund.

Wer an Dir mit ganzem Herzen hanget,
dem bist Du zur Speise Himmelsbrot;
wer nach diesem „Manna“ hat verlangen,
der hat hier und droben keine Not.

Du bringst uns das ew´ge Licht der Liebe,
das du selber angezündet hier;
dieses Licht weckt in uns heil´ge Triebe,
dass es mich und and´re zieht zu Dir.

Du, Herr, heilst der Seele tiefe Wunden,
gibst dem Müden Ruhe nach der Hast;
O welch Glück, dass ich zu jeder Stunde
leben darf in Dir trotz Müh´ und Last.

Wenn ich in Dir lebe, Dich genieße,
wenn ich darf zu Deinen Füßen knie´n,

dann scheint mir´s, ich sei im Paradiese
und nicht in der Welt voll Sorg´ und Müh´n.

Wer will Dich auf Erden hier erreichen?
Niemand ist Dir gleich, Herr Jesus Christ!
Auch im Himmel kann Dir keiner gleichen:
Drum hab Dank, dass Du mein Heiland bist!

Mit dir bin ich glücklich und zufrieden,
wenn auch dunk´le Nacht mich oft umgibt.
Sind mir hier auch Not und Leid beschieden:
bist D u bei mir, nichts mein Glück dann trübt!

Gib mir Kraft, mein Leben Dir zu weihen,
dass Du meiner auch Dich könntest freu´n;
lass mein Tun zu Deiner Ehr´ gedeihen,
lass Dein Licht durch mich zu sehen sein!

Übersetzt: K. P.

Hilfe in der tiefsten Not

Fort rollt der Zug zum hohen Norden hin,
zum Endziel: Kohlengruben, Workuta –
Was ist die Fracht? – Ach Menschen sind darin,
die man verhaftet hat von fern und nah.

Unschuldig kamen viele vor´s Gericht,
nur weil ein falscher Zeuge sie verklagt.
„Nein, fünfundzwanzig Jahre zwing´ ich nicht!“
so seufzt das Herz dann mutlos und verzagt.

So ging´s auch meinem Onkel nach dem Krieg;
Auch er in diesem Zuge sich befand.
Verzweiflung in der Seele höherstieg:
Auf fünfundzwanzig Jahre nun verbannt!

Schon einmal war beschieden ihm dies Los,
als man den Bauern ihre Habe nahm.
„Gib deine Habe nun in den Kolchos´,
und in Sibirien wirst du dann schon zahm!“

So kam dann auch die angedrohte Zucht.
Manch´ Jahr verlebte er samt Frau und Kind
im Hohen Norden, dann gelang die Flucht, -
bei Freunden fand er Schutz vor Frost und Wind.

Dann kam der Krieg. Die Deutschen rückten vor;
ein Ende hatte Ängsten und Versteck!
Er sang wie früher einst im Kirchenchor.
Doch ach, - bald kehrten wieder Angst und Schreck.

Wir flohen dann nach Deutschland, doch, oh Weh!
Der Russe nahm die meisten bald zurück.
Sie mussten arbeiten in Gruben, Wald und Schnee.
So traf den Onkel auch dies Missgeschick.

Doch selbst im Wald war er bald angesehen.
Ein and´rer gönnte ihm nicht dieses Glück.
Er legte ihm zur Last, was nie geschehen:
so ward als Judenmörder er verschickt.

Nun fährt er hin, weiß wohl, was ihm jetzt droht.
Verzweiflung ganz sich seiner mächtig macht.
Wer hilft mir dort in Hunger, Frost und Not!-
Und in der Seele wird es finst´re Nacht!

Schon wieviel Nächte Qualen und Verhör;
tags arbeiten bei Wassersupp´ und Brot!
„Gott hat vergessen mich, - ich kann nicht mehr!
Die vielen Jahre heißen für mich: Tod!

Da fühlt´ ich etwas;- schaute träumend auf
zur Ecke, wo ich sah wie Engelsg´stalt:
Mein Herz und Blut versagten fast den Lauf!
Ich spürte,- wie mein Inn´res wogt´ und wallt´.

Da kehrte die Erscheinung sich zu mir:
Ich schau im Traum, - wie wunderbar,
wie der Herr Jesus zeigt als Helfer mir,
sich, der einst starb für uns auf Golgatha.

Wohl rollte weiter auf dem Gleis der Zug;
Doch ich bin neugeboren jene Nacht.

Er ist bei mir, der meine Sünden trug!
Der mich erlöst´ von der Verzweiflung Macht.

Zwar half der Herr nicht gleich mir aus der Haft,
doch stets hat Seine Hand mich treu bewahrt.
Der heil´ge Blick hat stets mich aufgerafft;
wenn manchmal schwer das Leiden war und hart.“

Doch nach zehn Jahren kam mein Onkel frei;
und durfte heim zu seinen Lieben ziehn.
Er blieb dem Herrn bis an sein Ende treu
und ruht nun aus in Ewigkeit bei Ihm!

K. P.

Ein Gebet einer Mutter

Ich möchte euch Freunde um Vergebung bitten,
ob es noch Zeit ist, heut´ zu denken dran?
Doch ich gedenk´s, wie Vater, Mutter einst gelitten,
weil ich ja ihnen so viel Leid´s getan!

Wie oft nur hat die Mutter mich gebeten:
„Mein Sohn, gib Jesus endlich doch dein Herz!"
Wie oft zu Ihm sie beide für mit flehten,
doch mich zog´s in die Welt, nicht himmelwärts.

Mich lockten Freunde, Wein und Lustgelage,
die blendeten mir Herz und Auge ganz!
Ich gab mich hin, ohn´ alles bange Fragen,
Uns sah im Becher meiner Freude Glanz.

Ein Greuel war es mir, von Gott zu hören;
noch schrecklicher als Gift war ein Gebet!
So ließ ich mich von Satans Macht betören,
Und dachte noch dabei, wie gut´s mir geht!

Den bösen Tag wird ich wohl nie vergessen,
als Vater sterbend mir ins Auge sah.
wie Mutter da vergrämt, verweint gesessen. -
Doch ich, berauscht und lachend stand ich da.

Wo ist dein Gott nun, wo dein starker Retter?
Er heilt doch Kranke! Was stehst du nicht auf?
Auch dir bestellt man einen Sarg aus Brettern,
Und dann verfaulst auch d u im Zeitenlauf!

Der Vater lächelte und sagte leise:
„Ich lebe noch, doch du bist tot mein Sohn!“
O kehr doch um! Und leb´ dem Herrn zum Preise!
Denn Er kommt bald, und mit Ihm dann Sein Lohn!

Der Vater starb, und ward zur Ruh getragen.
Doch Mutter rang um mich mit Gott nun mehr,
Der Tränen, die geflossen in den Tagen,
gedenke ich der Mutter heut´ zur Ehr.

Doch damals dacht´ ich nur ans Weltgebrause,
die Mutter mochte ich nicht sehen gar!
Ich schlich mich fort, ja fort vom Elternhause,
gleich einem Dieb vor nahender Gefahr.

Nun war ich frei von all´dem Beten, Weinen!
Nun konnt ich selber ebnen meine Bahn!
Doch ahnte ich der bösen Wege keinen,
die mich versenken würden in der Sünde Wahn.

Da fasste mich das Leben in die Strömung,
bald packte der Unzucht Sündenstrudel mich.
Am Anfang fühlt´ ich nicht der Kräfte Lähmung,
doch bald der Schwachheit Schwindel zeigte sich.

Bald wurde eine Qual mir jede Runde,
Im Strudel dieser so verdorb´nen Welt!
Ich rang verzweifelt mit mir manche Stunde,
doch Sieger blieb stets Sünde, Wein und Geld.

Der Wein, die Quelle aller bösen Werke,
Ein Zecherkreis hat manchen umgebracht!

Doch aus der Quell´, die Rettung beut und Stärke,
aus ihr zu trinken, hab ich nie gedacht.

Wie war ich doch so blind in jenen Tagen,
Nur in der Flasche suchte ich mein Glück!
O hätt ich doch von Neuem angefangen
und wär zum Herrn schon dann gekehrt zurück!

Doch weiter zog mich dieses Sündenleben
zum Abgrund fort im dunkeln Strom der Zeit.
Ich sah kein Licht, das mir konnt´ Rettung geben,
dacht´ nicht an Mutter, nicht an die Ewigkeit.

Und doch stieg manchmal auf die bange Frage:
Gibt´s nichts, was dich vom Tod erretten kann?
Was wird dann sein, wenn enden deine Tage?
Wo gehst du hin, wer hilft dir? Sage an!

Ich kämpfte diesen Trieb in mir stets nieder,
doch einmal als ich irrt´ die Straß´ entlang,
da traf ich meinen Freund der Kindheit wieder.
Als ich ihn sah, ward mir das Herz so bang.

Er sah mich an, still, liebend, aber traurig.
Ein tiefer Schmerz in seinen Augen lag:
Sein Blick traf mich ins Herz, da ward mir´s schaurig,
und doch kam ein Geschwätz nur an den Tag.

„Was macht die Mutter? Hat sie nicht vergessen,
ja gar verflucht den Sohn, der sie verließ?“ -
„Ich möchte sie mal besuchen unterdessen, -
doch immer was zu tun, bald das, bald dies.

Zu tun, viel Arbeit!“ Solltest lieber schweigen!
Ich sah schon manche Früchte deiner Tat,
Hör zu mit Herz und Ohr, dass ich dir zeige,
wie deine Mutter dich vergessen hat.

Als du entflohst, ergraute sie vor Kummer.
Sie lebte ja für dich nur, für ihr Kind!
Zum Kreuzweg eilte sie, wenn and´re schlummern,
und wartete auf dich, trotz Sturm und Wind.

Dort streckte sie zu Gott empor die Hände,
sie rang um Gnad´ für dich durch Christi Blut,
sie hoffte jeden Tag, dass sie dich fände,
nichts konnte lähmen ihren Glaubensmut!

Als sie zum Kreuzweg nicht mehr konnte gehen,
als sie erst krank und matt daniederlag,
dann bat sie: „Lasst mein Bett am Fenster stehen,
dass ich hinaus kann sehen jeden Tag!“

Das war genug für mich, ich war zerschlagen:
Die Worte rissen aus dem Schlaf mich hoch!
Ich konnte nichts als zitternd leise fragen:
„Wie sieht´s zu Hause, lebt die Mutter noch?“

Als ich verreiste, war sie noch am Leben,
doch selbst im Fieber sprach sie nur: „Mein Kind!
Nun bist du da, auf´s Neue mir gegeben!
Und du sprichst ´Arbeit, keine Zeit ich find!´ “

Ich lief davon, mit brennendem Verlangen,
nur einmal meine Mutter noch zu seh´n!

Noch einmal ihre Knie nur umfangen
und dann für alles um Vergebung flehn.

Zum Bahnhof lief ich, dann den Zug bestiegen,
und fort ging´s heimwärts, doch nicht schnell genug:
Vielleicht liegt Mutter in den letzten Zügen!
Nur nicht verspäten, eile, eile Zug!

Der Zug hielt an, schnell stieg ich aus dem Wagen,
doch brennend schlug das Harz mir in der Brust.
Ich eilte fort, gleichwie vom Wind getragen,
mich meiner Sündenschuld so sehr bewusst.

Den Weg, der mir bekannt mit seinen Bäumen,
lief ich entlang in meiner Sehnsucht Schmerz.
Hier ist der Friedhof, alles schien zu träumen,
Da kamen Vaters Worte mir ins Herz.

Da zog´s mich hin zu Vaters Grab zu wallen,
Ich fand es auch, ob´s finstre Nacht gleich war.
Dort sank auf Knieen ich zum ersten Male
und bracht´ dem Vater mein Vergehen dar:

„Vergib, o Vater, mir, was ich verbrochen,
Du hattest recht, ich hör´ dein Flüstern hier!
Ich weiß, wie damals ich dein Herz durchstochen,
Du lebst, doch ich steh tot, verfault vor dir!

Doch will fortan ich Mutter lieben, schonen,
will alles machen gut, das schwör ich dir!
Du sollst mit uns in unsern Herzen wohnen!
Doch Mutter, lebt sie noch, ist sie noch hier?“

Da fing das Herz mir wieder an zu pochen.
Ich sah mich um, doch nichts bemerkt ich hab:
Doch als der Mond das Wolkenmeer durchbrochen,
da sah ich plötzlich noch ein neues Grab.

Und nur die Sterne und der Mond dies wissen,
wie stöhnend ich dort fiel auf Mutters Grab.
Sie sahen mich die nasse Erde küssen,
und wie umarmt ich ihren Hügel hab.

Hörst du mich Mutter? O vergib, mir Armen,
O schweig doch nicht, sag doch ein Wort noch mir!
Sieh doch den Sohn, der flehend um Erbarmen,
hier liegt an deinem Grab und schreit zu dir!

Doch ach, umsonst rief ich im Innern bebend.
Das Grab blieb still, kein Laut drang an mein Ohr.
Nun fiel mir ein, wer mir kann Rettung geben!
Da rang zum Herrn die Hände ich empor.

Dies war die letzte Nacht der finstern Nächte,
die gottlos ich durchlebt im Sündenschlamm!
Dort sprach der Herr zu mir, dem sünd´gen Knechte:
„Ich starb ja auch für dich am Kreuzesstamm!"

Von da an lebe ich mit Jesus Christus,
Er ist der Liebe und des Lebens Quell.
Nur Er mein Heiland, sonst kein Andrer ist es,
der uns von Sünden wäscht so rein und hell.

Und wenn ich heut noch eine Mutter sehe,
die ganz ergraut, gekrümmt, verweinet steht,

und neben ihr den stolzen Sohn seh´ stehen,
der ohne Gott den Sündenweg noch geht,

dann möchte ich euch, ihr lieben Mütter, sagen:
Zum Himmel hebt die Händ´ voll Glaubensmut!
Und wisset; ob hier enden eure Tage,
Dass Gott auch nach dem Tod noch Wunder tut!

Auch euch, ihr stolzen Söhne möchte ich sagen;
Seht an, die Mutter, wie sie für euch fleht!
O kommt zum Herrn, der euch bisher getragen,
Gebt Ihm das Herz, eh´s heißen wird: „Zu spät!"

Übersetzt: K. P.

Drei schreckliche Träume

„Ich habe einen Traum gehabt, der hat mich erschreckt,
und ich wollte gerne wissen, was es für ein Traum gewesen ist."
Daniel 2, 3

Es ging ein Tag zu End´ mit Freud´ und Sorgen,
und wie gewohnt begab ich mich zur Ruh.
Ich dankte Gott für heut´ und bat für morgen,
allmählich fielen mir die Augen zu.

Im Traum sah ich die Hölle ganz im Feuer
und einen Thron, der mitten darin stand.
Darauf saß Satan, wie ein Ungeheuer,
all´ seine Diener ich vor ihm jetzt fand.

Ein jeder musste Rechenschaft ablegen
über sein Tun und Treiben in der Welt,
ob er verhindern konnte Gottes Segen
und wirken so, dass manch ein Gläub´ger fällt?

Vom Schreck erfüllt stand ich in ihrer Mitte.
Dann sah ich einen Geist, der kroch zum Thron.
Und schuldbewußt, mit unsicherem Schritte
kam er, um zu empfangen seinen Lohn.

Ja, diesem Dämon war die Macht gegeben
mich zu verfolgen, zu bewachen gar.
Und zu zerstören ganz mein Glaubensleben,
damit ich Gott verlass´ für immerdar.

Der Satan sprach ihn an, ohn´ sich zu eilen:
„Gewöhnlich bringst du gute Nachricht mir.
Was hast du dieses Mal denn mitzuteilen?
Auch heut erwarte ich Erfolg von dir!“

Der Geist jedoch nur murmelte ganz stille
und in die Erd´ versinken er begehrt:
„Verluste, Herr, Verluste ohn´ mein´ Wille:
der mir Befohl´ne hat sich nun bekehrt.“

Der Teufel schrie, so das die Hölle bebte,
dass Furcht und Schrecken walteten umher:
„Wie konntest ansehn du, dass er´s erlebte,
dass zur Versammlung konnte eilen er?!“

Wenn dieses du nicht konntest schon verhindern,
ihn einzuschläfern, hätte schon genügt,
um seine Aufmerksamkeit dann zu mindern
mit frommen Formen, hätt´ er sich begnügt!“

„Ich weiß es“, sprach der stolze Geist bescheiden,
„Was ich nur konnte, habe ich getan.
Ich macht´es schwierig ihm, sich zu entscheiden,
mit vielen Schlingen ging ich an ihn ran.

Ich sagte ihm, dass dem Geschäft es schade,
die Achtung er dadurch verlieren wird,
und Übelkeit gab ich ihm dann gerade,
als er beschloss: „Ich dennoch gehen werd´!“

Ach, sein Töchterchen ist schuld in diesem Fall:
sie geht zur Sonntagsschule oft und gern.
Sie bat den Vater: „Komm doch mit dies´ Mal,
zu suchen Gott den Retter und den Herrn!“

„Warum bist du nicht mit hineingegangen?“
fuhr dann der Teufel ganz entrüstet fort.
„O, ich ging mit, doch war ich wie gefangen,
denn Gottes Heil´ger Geist füllte den Ort.“

„Ist er jetzt ganz aus unserem Bereiche?“
fragte darauf der Fürst der Finsternis. –
„Ich kann ihn gegenwärtig nicht erreichen,
obwohl ich´s schon versucht habe mit List.

Am Tag spricht er von Gott und von der Freude,
die durch den Herrn geworden ihm zu teil.
Und Nachts träumt er, wie Gottes Sohn durch Leiden
für ihn erworben hat dies teure Heil.

Ich hab versucht, ihm Wollust vorzuspiegeln,
durch diese Sünde locken ihn zurück.
Doch darauf konnte er sein Herz versiegeln,
im Namen „Jesu“ fand er dann sein Glück.

„Doch was noch schlimmer“, sprach der Dämon weiter,
„noch viele andere er mit sich zieht.
Er ist geworden Gottes Wegbereiter,
darin das Ziel des Lebens er nun sieht.“

„Es ist schon g´nug, dass dieser steht im Glauben“,
schrie dann der Satan, „dürfen wir noch ruhn
und zusehn, wie er Seelen uns wird rauben,
Sag an, mein Knecht, was rätst du, nun zu tun?“

Gib Zeit, Gebieter, mir, ich schwör dir Treue.“ -
„Zwölf Monate, dann stehst erneut du hier!
Dann will ich hören nur, was mich wird freuen,
dass er dann uns gehört! Sonst – glaube mir ...!“

Die Drohung habe ich nicht ganz vernommen.
Vor Angst und Schrecken bin ich dann erwacht.
Im Schweiß gebadet saß ich ganz beklommen,
doch bald schlief wieder ich, von Gott bewacht.

Ein Jahr schien nun im Traum mir verflossen.
Auf´s Neu befand ich mich im Feindeskreis,
ich sah den Geist nun nahen unverdrossen.
Vor Angst, was mich erwartet, quoll der Schweiß.

Der Böse rief: „Ist er jetzt unsereiner?
Ist er gewonnen schon für unser Reich?
Ich hoffe, du wirst mir es nicht verneinen,
erstatte mir Bericht von ihm sogleich!“

„Noch nicht“-, sprach er, „doch will ich es schon hoffen.“ -
„Ist er getrennt von Gottes Herde schon?“ -
„Nein, nein, mein Herr, doch scheint der Weg mir offen,
die erste Liebe ist von ihm entflohn.“ -

„Gut!“ – rief der Satan; „Nun erzähl es allen,
wie du an ihm dies Werk vollzogen hast! –
Denn, ist die Liebe weg, wird er auch fallen!
Sag, wie du wirktest ohne Ruh und Rast!“ -

„Zuerst konnt ich zu nichts den Mann bewegen,
so voller Freud´ war er im Heilgen Geist.
Mit Jesu Liebe stritt er mir entgegen,
ob ich´s mit List versuchte oder dreist.

Nun wollte in Versuchung ich ihn leiten,
doch alle Arbeit hatte keinen Sinn.
Einmal lies Übles ich in´s Ohr ihm gleiten
über den Bruder, der nicht recht ihm schien.

Über sein Leben, Wirken, Tun und Lassen;
und mein Mann horchte: Kann das wirklich sein?
Hier konnte ich in´s Herz den Armen fassen,
statt Liebe gab ich Misstrauen hinein.

Dann fing ich an, die missbeliebt zu machen,
welche nicht dachten, so wie er es tat.
Er sieht die Fehler bei den andern, Schwachen,
und eifrig such er sich den eignen Pfad.

Der Dämon lächelte und sprach dann weiter:
„Jetzt zieht er nicht mehr so viel´ Seelen an!
Die Liebe ist nicht mehr sein Wegbereiter.
D´rum er auch ihre Frucht nicht ernten kann.

Sein Reden hat die Heilge Kraft verloren,
ob er auch liest die Bibel wie vorher.
Auch wenn er denkt, er sei von Gott geboren,
die Innigkeit mit Brüdern ist nicht mehr.“ -

„So ist es gut“, spricht Satan: „Was nicht schnell geht,
das kann auch langsam geh´n, es ist noch Zeit.
doch dass nach einem Jahr der Mann bei mir steht
und du mir bist zur Rechenschaft bereit!“

Dann ging der Dämon wieder. – Ich erwachte.
War das mein Zustand, wie er es geseh´n?
Mit Schrecken ich mein Leben überdachte -
und sah mein Zimmer voller Teufel steh´n.

Mit lauter Stimme rief ich Jesu Namen,
da kehrten Fried´ und Ruh´ in´s Herz hinein.
Doch ach, - die Schreckensszenen wiederkamen,
vom Schlaf bewältigt, schlief ich wieder ein.

Und wieder sah ich mich im Reich der Hölle
auch Satan dort mit seinem Dienerheer.
Der mich verfolgte, war auch bald zur Stelle,
und mein Versagen freute ihn noch mehr.

Die Schadenfreude seinen Blick ließ strahlen,
und voller Zuversicht er diesmal sprach:
„Den mir Befohl´nen hab ich fein gemahlen.“ -
„Gut“, rief der Böse, „wie hast du´s gemacht?“ -

„Ich habe dir vor einem Jahr berichtet,
dass er die erste Liebe doch verlor.
Dass eig´ne Lehren er zusammendichtet,
und auch sein Stolz kam immer mehr hervor.

Wenn er nicht an der Leitung durfte stehen
und die Versammlung ihn mal nicht verstand,
da sah man ihn nun einfach davongehen,
dabei dacht´ er, er sei im rechten Stand.

Er glaubte ja auf Gottes Pfad zu wandeln,
doch mit den Brüdern war er ja entzweit.
Durch solchen Menschen kann ja Gott nicht handeln:
seine Gebete kamen auch nicht weit.

Auch der Versuchung ist er oft erlegen,
mit Eigenliebe war sein Herz erfüllt.
Er konnte nicht empfangen Gottes Segen,
so ward durch Gott sein Zustand nicht enthüllt.

Auch sah man seltner ihn nun bei den Christen,
für Gottes Stimme hatte er kein Ohr.
Nach einer Zeit sie ganz ihn dann vermissten.
Ja, auch die Seelenrettung er verlor.

Da habe ich ihn für mein Werk gewonnen
ein Werk, wobei viel Ruhm er ernten kann.
So ist er meinen Klauen nicht entronnen.
Ein Abgefall´ner ist er jetzt, mein Mann.

„Ein Abgefall´ner“-, heulten tausend Stimmen.
„Ein Abgefall´ner“, das ist gut gemacht.
Soll weiter leben er und doch verglimmen,
bis einst voll Schrecken er bei uns erwacht.

Ja, Gott braucht Zeit, um Seelen zu gewinnen,
und so auch wir, das Unsrige zu tun.“
„Ja“, riefen alle, „lasset uns beginnen,
Bekehrte umzubringen und nicht ruhn!“

„Nur dürfen sie nicht diesen Plan erkennen“,
fügte der Teufel wichtig noch hinzu.
„Ihr müsst sie erst von ihren Brüdern trennen
und ihre Selbstsucht heben ohne Ruh.

Dann weiset hin sie auf die eig´nen Werke,
die in der Menge ja nicht sind zu seh´n.
Sie müssen mehr hervortun ihre Stärke,
dann kann ein rechter Christ sie nicht verstehn.

Und wenn sie erst den Heil´gen Geist verloren,
und von den Christen werden sein getrennt,
dann schenken sie uns willig ihre Ohren,
bis jeder es erst hier bei uns erkennt.“

Bei diesen Worten alle schrecklich lachten,
und es ertönte ein Triumpfgeschrei,
dass ganz erschüttert wieder ich erwachte
zum dritten Mal, nun war der Schlaf vorbei.

Diesmal war bis auf´s Tiefste ich getroffen,
was dort die Hölle über mich geplant.
Ich sah in Gott nur einen Weg mir offen,
bevor ich blindlings in den Tod gerannt.

Ich wusste, dass die Wahrheit dort gesprochen
und spürte, meine Liebe war dahin,
Gemeinschaft mit den Christen war gebrochen,
weil gegen viele war ein bitt´rer Sinn.

Rechthaberei und Ruhmsucht an mir nagte,
verlassen die Gemeinde hatte ich.
Doch weiter so zu leben, ich nicht wagte,
die Macht des Feindes ist so fürchterlich!

Die Hölle darf diesmal nicht triumphieren
so über mich und den Herrn Jesum Christ.
Ja, diesen Kampf wird sie nochmal verlieren,
weil Jesus ewiglich der Sieger ist.

Wie schrecklich ist doch Satans ew´ge Feindschaft,
wie stark die Fesseln doch der Sünde sind,
wie ohnmächtig bin ich ohne Gemeinschaft,
wenn ich nur namentlich ein Gotteskind.

All dieses und noch vieles mehr trat heute
vor den entsetzten Sinn, mir wurde klar.
Ich bin geworden wirklich Satans Beute,
und Gottes Liebe macht´s mir offenbar.

Ich schrie: „Herr Jesus, hilf mir, ich verderbe!
Erlöse mich, durch Dein vergoss´nes Blut.
O lass aus Gnaden mich den Himmel erben,
gib dem zerbrochnen Herzen wieder Mut!

Zwar war mir fürchterlich Dein dreifach Warnen,
ein viertes Mal wohl nie gekommen wär.
Doch riss mich aus der Hölle Dein Erbarmen,
drum preis ich Deine Liebe immer mehr.

Ich ließ sofort das ungöttliche Treiben
und schloss mich der Gemeinde wieder an.
Der Groll im Herzen durfte nicht mehr bleiben,
weil Jesu Liebe es nun füllt fortan.

Der Feind kann meiner Seele nicht mehr schaden,
weil fest mich hält des Heilands starke Hand!
Die mich entriss dem Tode nur aus Gnaden,
wird bringen mich auch ins Gelobte Land.

Aus einem Traktat entnommen. K. P. I. Epp 17.01.1983

Ich komm´ wieder!

Wievielmal mussten wir hier im Leben schon scheiden
und mit Tränen im Wartesaal bange dann stehn,
wieviel Schmerz brachte mit sich die Trennung und Leiden,
wenn die Hoffnung verblich, je uns wiederzusehn?

Ach, wie schwer war die Stunde, es war kaum zu tragen,
wenn das Abfahrtssignal noch vermehrte das Weh,
ach,- „Aufwiedersehen!“ wollte man damals ja sagen,
doch es kam ganz von selbst aus dem Munde: „Ade!“.

Doch wir warfen nicht weg in der Zeit das Vertrauen,
ob auch keiner von uns konnte sagen bestimmt:
„Ja, ich komme zurück, auf mein Wort kannst du bauen!“
Denn der Herr löscht nie aus einen Docht,
der noch glimmt.

Ja, nur Er konnte segnend den Jüngern noch sagen
eh ans blutige Kreuz Er den Weg musste geh´n:
„Ich komm wieder zu euch, lässt das Trauern und Zagen!
Um ein Kleines, und ihr dürft auf´s Neue mich seh´n!“

Dieses sprach einst der Herr, der Sein Wort nie gebrochen;
Der die Wahrheit selbst ist und die Wahrheit nur sagt!
„Gottes Wort“ heißt das heute, was Jesus gesprochen,
denn durch Ihn hat Gott Himmel und Erde gemacht.

Wenn Er sagt:
„Ich komm´ wieder, ich lass euch nicht Waisen!"
Wer kann dann noch nicht glauben, was Jesus verspricht?
Ja, Er ging in den Tod, um uns dies zu beweisen:
Er kam wieder und brachte Erlösung und Licht.

Wird auch oft uns das Scheiden noch bitter bekommen,
wenn ein Wiederseh´n hier kaum zu hoffen man wagt.
Doch getrost, was der Herr einst versprach,
wird auch kommen!
Er hat nie in den Wind Seine Worte gesagt.

Wird uns auch manches Scheiden noch drücken hier nieder,
wenn das Abfahrtssignal vorn vom Zuge erschallt.
Doch schon nah ist der Tag, wo es heißt:
„Ich komm wieder!"
Lasst uns warten und beten:
„Herr Jesus, komm bald!"

Übersetzt: K. P.

Gedicht nach Ev. Johannes 13 Vers 7

Einstens, als Jesus auf Erden noch ging
und wieder Passah gekommen,
hat Jesus, eh´ Er zu leiden anfing,
noch Seine Jünger genommen;
wollte mit ihnen gern halten das Mahl,
eh´ man Ihn martert´ in Schande und Qual.

Da bringt Er Wasser geschürzt in den Saal
und wäscht die Füße den Frommen.
Petrus, der Eifrige, zu Jesus spricht:
„Den Dienst, Herr, kannst Du Dir sparen!"
Er sagt: „Was ich tue, weißt du jetzt nicht,
wirst´s aber nachher erfahren!" -

„Nimmermehr!" spricht Petrus weiter empört,
„sollst Du mir waschen dir Füße!
Herr, - Du uns dienen?- Das ist unerhört!" -
„Petrus, das wirst du einst büßen!
Wasch ich dich nicht,- hast du mit mir kein Teil!" -
„Auch Haupt und Hände!" ruft Petrus in Eil,
„wasche mich ganz, wenn es mir dient zum Heil,
will Deine Gnad´ ganz genießen!"

Tun nicht auch wir oft, wie Petrus dort spricht,
anstatt geduldig zu harren?
Er sagt: „Was ich tue, weißt du jetzt nicht,
wirst´s aber nachher erfahren!"

Manche geh´n glücklich ins Leben hinein,
dürfen am Guten sich weiden;

freu´n sich, dass Gott all ihr Tun lässt gedeih´n,
doch ach, - dann schickt Er auch Leiden.
Macht einen Strich durch den irdischen Plan,
sieht tief gebeugt dann Sein Kind zu Sich nah´n:
„Herr, ach warum hast Du dies mir getan,
dass ich vom Liebsten muss scheiden?"

Er sagt: „Bleib treu, ob dein Herz auch fast bricht,
ob du auch stehst an der Bahre!
Was ich dir tue, das weißt du jetzt nicht,
wirst´s aber nachher erfahren!-

Glaub es, Kind Gottes, dass Jesus dich liebt,
ob Er auch viel dich lässt leiden!
Gott nicht von Herzen uns plagt und betrübt,
schenkt uns zuletzt ew´ge Freuden!
Jesus ging selbst uns durch Leiden voran;
wo wären wir, hätt´ Er dies nicht getan?

Nun sind wir Kinder,- die Er Gott gewann;
nichts kann von Ihm uns mehr scheiden!
Fasse d´rum Mut, auch dein Dunkel wird Licht!
Prüft auch der Herr dich seit Jahren.
Er sagt: „Was ich tue, weißt du jetzt nicht,
wirst´s aber nachher erfahren."

Dies sei euch Witwen auch heute zum Trost,
die ihr oft einsam müsst weinen.
Ob euch Versuchung, ob Trübsal umtost,
Jesus will´s gut mit euch meinen!
Bleibt Ihm nur treu nach der Schrift und bewährt,
Der euch von Sünde und Welt hat bekehrt,

Der auch in Not euch geführt und genährt,
will Sich mit euch ganz vereinen!

Schon ist die Hochzeit des Lammes in Sicht,
wo alle Gläubigen sich scharen!
Er sagt: Was ich tue, weißt du jetzt nicht,
wirst´s aber nachher erfahren!

K. P.

Zum Trost (I)

„Ich will!“, sprach Gott zum Feind, der Schlang´ mit Namen,
„will Feindschaft setzen zwischen Weib und dir!
Auch zwischen deinem und des Weibes Samen,
dass du verführt im Paradiese hier!
Derselbe soll den Schädel dir zerbrechen;
und du, du wirst Ihn in die Ferse stechen.“

Welch einen Trost durft´ Eva daraus hören,
die tief gefallen schon in dieser Welt.
Der Herr wird doch des Feindes Macht zerstören.
Durch mich soll kommen einst ein großer Held!
Der wird dem bösen Feind den Kopf zerbrechen;
doch der darf Ihn nur in die Ferse stechen.

Die Zeit verging. Es nahten dann die Tage,
wo der Verheiß´ne kam in diese Welt;
doch stellte man Sein Kommen sehr in Frage:
„Mit solchem König ist es schlecht bestellt!
Der soll der Römer Kraft und Macht zerbrechen?
Er flieht, wenn sie Ihn in die Ferse stechen!“

So sprach man Hohn Dem, Der sie kam zu retten,
Sein Eigentum nahm ihren Herrn nicht an!
Kein Haus Er hatte hier, kein weiches Bette,
ob Er viel´ Liebestaten auch getan.
Man sang von Ihm, wo lose Leute zechen:
Der kann auch keinen in die Ferse stechen!

Dann kam Gethsemane; dort kniet der Herr im Garten,
Er ist allein und ringt mit Sünd´ und Tod;
doch draußen schon die Häscher auf Ihn warten.
Noch schwerer drückt Ihn unsrer Sünde Not! -
„Wer wird mir," sagt der Feind,- „den Kopf zerbrechen? -
„Kannst du mir jetzt auch in die Ferse stechen?"

Dann kam die Schar, und führte Ihn gefangen
zum Richtplatz hin und dann nach Golgatha.
Dort nahm ein Ende alles Leid und Bangen;
„Es ist vollbracht!", erschallt es fern und nah.
Dort durfte Jesus Satans Untat rächen
durch Seinen Tod, des Feindes Macht zerbrechen.

Doch tot ist er noch nicht, der Kampf geht weiter;
ob auch besiegt, ist stark noch seine Macht!
Doch musste stets sein blut´ger Angriff scheitern
an dem, der Christus glaubt und betend wacht!
Versucht er auch des Glaubens Kraft zu schwächen,
so darf er doch nur in die Ferse stechen.

Auch das tut weh, die Christen oftmals klagen:
„Kannst Du den Feind nicht ganz vernichten, Herr?
Wenn Du befiehlst, dann kann er nichts mehr wagen.
Versuchung, Sünde, quält uns dann nicht mehr.
Vertreib ihn Herr aus uns´rer Erde Flächen!
Dann kam er nicht versuchen, plagen, stechen!" -

Christ, sieh im Paradies die ersten Beiden,
Adam und Eva, hatten´s die nicht gut?
Doch mussten sie beschämt von dort bald scheiden,
weil sie nicht wachsam standen auf der Hut!

Sie hörten auf der Schlange list´ges Sprechen
und fühlten bald ihr gift´ges Fersenstechen.
Drum lasst´s genügen euch an Jesu Gnade:
Er weiß, dass oft der Feind euch Wunden schlägt.
Doch das hält wach euch stets auf Seinem Pfade,
denn Trübsal zum Gebet euch stets bewegt!
Flieht nur zu Ihm, will´s euch an Mut gebrechen,
Der Feind darf doch nur in die Ferse stechen!

Doch wer nicht ganz steht auf des Heiland´s Seite,
den greift der Feind wie Kain mit Macht dann an!
Der will, dass jedermann sei seine Beute;
und nur wer treu dem Herrn, besteht alsdann!
So sprich getrost: „Mir macht der´s nicht gebrechen;
Der Herr lässt zu, nur in die Ferse stechen!

Was können wir aus diesen Zeilen lernen,
von Adam, Eva, Kain und andern mehr?
Nur eins: Lasst uns vom Bösen bleiben ferne,
dass uns vor Satans List bewahrt der Herr!
Wer Gott vertraut, dem hält Er Sein Versprechen:
„Ich bin dein Helfer, fürchte nicht sein Stechen!"

Und ist hier, wer ganz müde, am Verzagen?
sagt dir der Feind: „Jetzt kommt der letzte Stich!" -
Horch, Jesus ruft: „Komme her, du darfst es wagen!"
Gib mir dein Herz!- Ich gab mein Blut für dich!
O glaub dem Herrn,- nie wird sein Wort Er brechen!
Komm heut, sonst kann der Feind zu Tod dich stechen!

K. P.

Zum Trost (II)

Wenn Sorg und Gram dein Herz erfüllt,
wenn Herz und Auge weinet,
wenn jede Hoffnung sich verhüllt
und nirgends Trost erscheinet,
dann fragt der Herr und spricht zu dir:
„Hast du mich lieb, vertraust du mir?“

Dann fragst du: „Wenn´s Gott wirklich gibt,
warum muss ich so leiden?
Warum muss ich von Frau und Kind
von Freund und Heimat scheiden?“
Doch sagt der Mensch: „Ist es gescheh´n,
so musst du vor dem Richter steh´n.“

So steht es auch in Gottes Plan:
Er kann nicht Sünde dulden!
Und doch nimmt Er die Sünder an,
vergibt auch noch die Schulden!
Wer trug denn uns´rer Sünden Lohn?
Selbst Jesus Christus, Gottes Sohn.

Wenn anders als dein Herz begehrt
der Herr dein Los bereitet;
wenn Er dem liebsten Wunsche wehrt,
dich and´re Wege leitet?
O glaub´s, auch das ist Gottes Gnad:
Er will dich zieh´n auf Seinen Pfad.

Denn mit Gewalt kann Er´s nicht tun,
Gott gab dem Mensch´ den Willen.

Doch kann der Mensch in Gott nur ruh´n,
sonst wird das Herz nicht stille.
Leg´ d´rum in Gottes Hand dein Herz:
Er macht dich glücklich auch im Schmerz.

O glaub es nur, so spricht der Herr:
„Kommt, wer mit mir will rechnen!“
Ob deine Sünde noch so schwer,
du zählst dich zu den Schlechten.
„Wär deine Sünde rot wie Blut,
wird alles doch schneeweiß und gut!“

Und bleibt auch hart dein irdisch Los,
musst du gleich viel hier leiden,
so ist doch Gottes Güte groß,
Er hält zuletzt die Freuden!
Er läutert uns und prüft das Herz,
ob wir Ihm treu sind auch im Schmerz.

Wenn dir das ird´sche Licht erbleicht,
des Lebens Kraft verschwindet;
wenn dir dann alles, alles weicht,
was dich ans Leben bindet,
dann fragt der Herr und spricht zu dir:
„Hast du mich lieb, so komm zu mir!“

Verse 1, 4, 8 aus einem alten Lied entnommen; sonst: K. P.

Trost

Bist du oft müde vom Kämpfen und Streben?
Sei doch nicht bange, verzagt und betrübt.
Unser dort wartet ein ewiges Leben;
und vergiss ja nicht, dass Jesus uns liebt.

Bleibe nur treu und vertrau Ihm von Herzen,
auch wenn der Weg steil und dornig oft geht.
Suche Ihn oft, und ER stillet die Schmerzen
und schenkt gern Frieden dem, der zu Ihm fleht.

In dieser Welt toben grausam die Wogen,
so wie ein Sturm auf dem Meer, ein Orkan.
Schau doch mit gläubigem Blick nur nach oben,
sieh nur, auch Jesus schaut liebend dich an.

Er stehet selber im Schifflein am Steuer,
der hier in jeder Gefahr dich beschützt.
Jesus führt dich durch Sturm, Fluten und Feuer
und lässt geschehen nur das, was dir nützt.

Gar nicht mehr lange hier währt unser Leiden,
Halte im Kampf doch ein wenig noch aus!
Bald schon verwandelt dein Leid sich in Freuden,
wenn bald der Herr holt die Seinen nach Haus.

Dort in dem Hafen des ewigen Friedens,
wo uns kein Sturm, keine Woge mehr droht,
ist schon ein himmlisches Heim uns beschieden,
wo uns als Sonne dann scheint unser Gott.

Darum verzag nicht, wenn trübe die Tage,
mach nie zum Murren hier auf deinen Mund!
Gilt es auch oft hier viel Leid zu ertragen,
heilt der Herr dort auch bald all´ deine Wund´.

Denn ja auch Christus, dein Herr und Erretter,
hatte gelitten am Kreuze für dich;
darum vertrau Ihm trotz Sturmwind und Wetter,
niemals lässt Er als Sein Kind dich im Stich.

Tu nur nicht wanken im Erdengetümmel!
Jesus belohnt, was für Ihn wir hier tun.
Unsere Heimat ist droben im Himmel,
wo wir auf ewig bei Ihm dann ausruh´n.

Übersetzt: K. P.

Zum Begräbnis der Eltern

Mir hat, von euch nun zu scheiden, die Stunde geschlagen,
euch bleibt nur noch im Gedächtnis mein Leben bewahrt.
Möge der Herr, liebe Kinder, durch´s Leben euch tragen,
wie Er mich trug und beschützte, wenn Sein ich geharrt.

Kinder! Für euch stehn noch offen ins Leben die Türen;
ihr geht voran, doch ihr wisst nicht, was es bringen mag. -
Mich hat der Herr wie auf Flügeln durch´s Leben geführet,
drum hört mich an, liebe Kinder, was ich Euch nun sag:

Hin eilt die Zeit, und die Uhr zählt die Stunden des Lebens,
Gottes Wort sagt: „Wir sind Gäste und Fremdlinge hier!“
Hört, liebe Kinder, von Mühe und Sorgen umgeben,
denkt stets daran, dass zur Ewigkeit hin pilgern wir.

Seid ihr auch täglich vom irdischen Tand noch umgeben,
lasst dennoch nie aus den Augen das himmlische Land!
Lasst, liebe Kinder, nach Heiligung sein euer Streben,
sorgt stets dafür, dass die Seele ist in gutem Stand.

Ich will auf euch, meine Lieben, im Himmelreich warten,
bis unser Herr und Erretter auch Euch rufen wird. Möge
Sein Ruf: „Kommt nach Haus, die auf Erden mein harrten!“
gelten auch euch, und nicht finden in Weltlust verirrt.

Auf Wiedersehen! Für mich hat die Stunde geschlagen!
Euch bleibt jetzt nur noch mein Wort als Erinnerung zurück.
Möge der Herr, liebe Kinder, euch schützen und tragen,
bis wir bei Ihm uns vereinen im ewigen Glück.

Übersetzt: K. P.

Zur Einsegnung der Diener Gottes

Willkommen heißen wir euch allzumal,
die ihr erschienen seid zu unserm Feste!
Heut wird bestätigt der Gemeinde Wahl.
Die Diener stehn vor uns und euch, ihr Gäste.
Sie warten nun, die Gott zum Dienst sich nahm,
dass man auf sie die Hände möchte legen;
dass Er auch ihnen sagt, wie Abraham:
„Ich segne euch, und ihr sein sollt ein Segen!

Nun wend ich mich an euch, die ihr geweiht
dem Herrn und der Gemeinde euer Leben!
Seid ihr zum Dienst im Weinberg auch bereit,
wozu der Herr den Auftrag euch gegeben?
Wisst ihr bescheid, was Gottes Weinberg braucht?
Habt ihr erforscht, wie man ihn recht muss pflegen?
Wer ganz in Gottes Liebe untertaucht,
den segnet Gott und er wird sein ein Segen.

Ihr habt´s gewagt, doch ist der Dienst nicht leicht;-
er bringt nicht Ehrerbietung oder Würde.
Wer danach strebt, der hat nicht viel erreicht,
denn Dienst ist stets ein Opfer, eine Bürde.
Wohl dem, der diese Bürde liebend trägt,
dem´s nur am Dienst im Weinberg ist gelegen.
Wer sich nach Gottes Vorschrift drin bewegt,
den segnet Gott und er wird sein ein Segen!

Das ist das Wichtigste im Werk des Herrn,
dass man nach Gottes Wort und treu drin walte,
die kleinen Füchse hält vom Weinberg fern,

die ihn verwüsten, wenn sie Schmaus dort halten.
Auch riecht manch´ and´rer Feind die süße Frucht,
und schleicht herbei auf ganz verschied´nen Wegen.
Seid wacker Diener, treibt sie in die Flucht!
Gott steht euch bei, und gibt dazu den Segen!

Doch nicht nur Füchse lauern auf die Frucht,
die Gottes Weinberg, die Gemeinde, zieren;
Manch Wolf und Löwe zu verschlingen sucht,
was nur allein dem Schöpfer soll gebühren!
Habt acht, wenn Gottes Heer ist bedroht!
Selbst wenn sich Schlange in deren Weg ihr legen;
Vertraut dem Herrn, dann hat es keine Not.
Er segnet euch, und ihr sollt sein ein Segen!

Verschieden ist des Feindes List und Trug,
er schickt bald Not, bald Wohlstand auf die Erde.
Und ist des schon Genannten nicht genug,
dann sendet er Verfolgung auf die Herde.
Dann heißt´s für euch, ihr Diener, erst mit Recht:
Habt auf die Herde acht, trotz Sturm und Regen!
Auch dass der Feind euch selbst zu Fall nicht brächt,
denn treue Diener sind dem Herrn ein Segen!

Habt auch stets off´ne Augen für die Welt;
dass ihr verlor´ne Schafe könntet retten,
die Satan noch in seinen Banden hält,
die doch, wie ihr, gern Fried und Ruhe hätten!
Zeigt sie auf Christus hin mit Wort und Tat,
dass Er zur Umkehr möchte ihr Herz bewegen!
wohl jedem Diener, der Erfolg hier hat;
der ist dem Herrn und jedermann zum Segen!

So habt denn acht auf euch und dient getreu,
der Herde, Gottes Weinberg, der Gemeinde!
Er schenkt euch Kraft und Weisheit stets auf´s Neu´,
schenkt voll euch ein im Angesicht der Feinde!
Ergreift den Glaubensschild, des Geistes Schwert!
Und dient dem Herrn auf allen euren Wegen!
Dann bleibt ihr selbst in Anfechtung bewährt
und seid dem Herrn, der Welt und uns zum Segen!

K. P.

Zum Palmsonntag

Es kommt ein Mann mit einer Schar,
schon sind sie in Bethphage. –
„Wer ist der Mann, so wunderbar?"
stellt mancher sich die Frage.
„Das ist der Jesus, der Prophet,
der nach Jerusalem nun geht ... " -
Da bleiben alles stehen:
„Was wird denn jetzt geschehen?"

Er sendet zweie, die ihm trau´n:
„Geht hin in jenen Flecken.
Dort werdet ihr an einem Zaun
´ne Eselin entdecken.
Und neben ihr ein Füllen zart,
auf dem noch nie geritten ward,
das nehmt für mich zum Reiten
und ihr bleibt mir zur Seiten!"

Als zu Jerusalem sie nah´n,
begegnen ihnen Scharen.
Von hinten stimmen Psalmen an,
die schon mit Jesus waren.
Ein „Hosianna" tönt als Gruß,
man breitet Kleider Ihm zu Fuß:
Von vorne schwingt man Palmen
und singt mit jenen Psalmen.

Die Jünger loben obendrein
den Herrn für Seine Taten;
für alle Wunder, groß und klein,

die sie gesehen hatten.
Da schallt es, nahe und auch fern:
„Gelobt sei, der da kommt im Herrn,
in unsers Gottes Namen;
Er ist ein König!“ – Amen.

Die Schriftgelehrten sind voll Wut;
sie wollen´s Jesus zeigen:
„Sieh, was die Schar der Jünger tut,
sag ihnen, dass sie schweigen!“ -
Der Herr lässt sie nicht lange stehn:
„Wenn diese schweigen, soll´s gescheh´n,
dass Steine werden schreien!
Lass sie sich heute freuen.“

Da sieht der Heiland an die Stadt,
die Er nun soll betreten;
die Ihn schon oft verworfen hat,
anstatt Ihn anzubeten.
Dann weint Er über sie und spricht:
„Jerusalem, dir droht Gericht,
wirst du mich nicht erkennen
und deinen König nennen!“

Was weiter mit dem Herrn geschah,
ist wohl nicht schwer zu raten;
Er ging an´s Kreuz auf Golgatha
und büßte uns´re Taten.
Doch starb Er nicht, um zu vergeh´n;
Er sollte glorreich aufersteh´n,
auf dass wir sei´n gerettet,
die Ihn so hart gebettet.

Ihn trafen uns´re Todesweh´n,
doch Er zerriss die Bande!
Die Jünger durften wiederseh´n
den Herrn, der auferstanden!
Er führte sie zum Ölberg hin,
wo sie Ihn seh´n gen Himmel zieh´n,
und hörten: „Er kommt wieder!"
Drum schallt ihr Jubellieder!

Dies Wort beseligt uns noch heut,
wie einst der Jünger Scharen;
dies ist schon lange, lange Zeit
der Kinder Gottes Harren!
Drum schallt auch hier in unserm Chor
der Lobgesang zu Ihm empor,
weil Er wird wiederkommen,
zu holen heim die Frommen!

Heut kommt Er, wenn auch unsichtbar,
und doch als Herr und König;-
Er heißt: Rat, Kraft-Held, Wunderbar!
Ist dies dir noch zu wenig?
Gern wär Er auch dein Friedensfürst;
O nimm Ihn an, der du noch irrst,
Ihn, der einst kam zur Erde,
damit du selig werdest.

Heut - wie gesagt - kommt Er zu dir,
sanft, demütig und bittet:
„Kommt her, Belad´ne, kommt zu mir!"
Ich will euch überschütten
mit Heilung, Frieden, Ruh und Freud!

Wer ist´s, der heut sein Herz Ihm weiht,
wer will sich heut bekehren,
Gott bringen Lob und Ehre?

Denn Jesus kommt vielleicht noch heut,
die Seinen zu entrücken;
doch wer dazu nicht ist bereit,
wird das auch nicht erblicken.
Denn heimlich Er die Gläub´gen ruft;
ob lebend oder aus der Gruft;
wen Er hier konnte leiten,
ist Sein dort alle Zeiten.

Und bald, sehr bald kommt unser Herr,
wie Er einst aufgefahren;
mit Seiner Gläub´gen großem Heer,
mit heil´gen Engelscharen.
Dann ruft Er nicht mehr: „Kommet her!"
Dann blüht dir kein Palmsonntag mehr,-
dann kommt Er zu verdammen,-
die heut´ nicht zu Ihm kamen.

Drum kommt! ruf ich an Christi Statt´.
Kommt, Eltern, Söhne, Töchter!
Kommt, ihr Belad´nen müd´ und matt!
Kommt, weil noch ruft der Wächter!
Kommt, ob der Feind auch um euch tobt!
Kommt! – Tut´s wie ich, ich hab´s erprobt!
Mich hat Gott angenommen.
Drum kommt,- eh Er wird kommen!

K. P.

Zum Tauffest

Gedicht: nach Ev. Johannes 15, Vers 4

Kommt preiset den Herrn mit Gesang und Gebet,
ja jauchzet dem Herrn, Gottes Kinder!
Denn heute auf's Neue eine Schar vor uns steht,
die Tote einst waren und Sünder!
Sie haben dem Herrn ihre Herzen geweiht,
und ließen vom Geiste sich treiben;
gern folgten sie Ihm in der Taufe nun heut
und wollen in Jesus auch bleiben.

Ja, selig seid ihr, dass den Schritt ihr getan,
dem Heiland Gehorsam zu leisten!
Doch braucht ihr viel Kraft, - euer Weg fängt erst an;
und bald wird sich Satan erdreisten,
euch zu locken und hindern mit Weltlust und Neid,
euch Selbstsucht und List vorzuschreiben;
dann wachet und betet, seid tapfer im Streit,
auf dass ihr in Jesus könnt bleiben!

O bleibet in Ihm, dass Er bleibe in euch!
Fleht öfter zu Ihm in der Stille!
Bleibt treu eurem Retter, kämpft recht für sein Reich!
Dann schenkt Er euch Gnade die Fülle!
Und sollte versuchen die finstere Macht
euch dies aus dem Sinn zu vertreiben,
O glaubt, Jesus bleibt bei euch, auch in der Nacht,
wenn ihr nur in Ihm werdet bleiben!

Lest oft Gottes Wort wodurch ihr seid bekehrt,
es schützt euch vor Torheit und Schmerzen!

Dies scharfe, lebendige, zweischneidige Schwert,
sieht auch die Gedanken des Herzens.
Es dringt hindurch; scheidet Seele und Geist,
ja auch Mark und Bein gar im Leibe,
Drum glaubt, was das Wort Jesu Christi verheißt!
Auf dass ihr in Ihm möget bleiben!

Doch ist nicht nur Richter das göttliche Wort,
nein Trost, selbst in dunkelster Stunde!
Es sagt uns, dass Jesu Blut Sünden wäscht fort
und heilt auch die hässlichsten Wunde!
Doch wollt ihr entflieh´n Satans giftigem Pfeil,
der euch kann verwunden, betäuben,
dann nehmt dieses Schwert, auch das Schild noch in Eil:
es hilft euch in Jesus zu bleiben.

Und wär euch des Glaubens Schild gar schon geraubt,
so kann euch das Schwert dennoch schützen!
Schaut nur auf die Helden, die einstmals geglaubt,
für die Gottes Wort ward zur Stütze!
O seht auf die Drei – dort in Babel vereint,
die man wollte als Asche zerstäuben.
Sie haben nicht bang um ihr Leben geweint:
für sie galt´s, im Herrn fest zu bleiben!

Drum ließ Er´s nicht zu, dass sie wurden verbrannt;
nein, - Gott kam dadurch nur zu Ehren!
Auch Daniel ward zu den Löwen verbannt;
nichts konnte dem Urteil mehr währen!
Dreimal betet dennoch am Tage er fort,
es gab hier kein Zaudern, kein Streuben!

Drum blieb er bewahrt durch den Glauben auch dort,
weil er fest im Herrn konnte bleiben!

Dort ist auf dem Schiffe die Mannschaft verzagt,
der Glaube ist gänzlich verschwunden;
der Sturm tobt um sie schon die vierzehnte Nacht,
nur Paulus noch betet zur Stunden.
Dann kommt er und spricht: Männer seid unverzagt!
Der Sturm wird hier keinen aufreiben!
Der Herr, dem ich diene, hat zu mir gesagt:
„Am Leben sollt ihr alle bleiben!"

Dies Wunder geschah auch, weil Paulus geglaubt,
was Gott durch Sein Wort ihm versprochen.
Dort stand Gottes Volk einst von Satan beraubt:
mit Baal hat´s die Treue gebrochen.
Doch betet Elia, ein Mensch gleich wie wir,
zu Gott, dass den Baal Er vertreibe:
da öffnet der Herr ihm mit Feuer die Tür:
der Glaube muß Sieger ja bleiben!

Drum mutig mit Christus im Glauben voran,
Sein Wort wird euch immer bewahren!
Gehorcht Seinem Geist, dass Er führen euch kann,
so wird Er mit Segnen nicht sparen!
Den Segen gebt weiter der Welt ohne Scheu!
Seid ihr auch oft Satans Zielscheibe!
Doch wer hier im Leben dem Heiland bleibt treu,
der darf bei Ihm ewig dort bleiben!

Amen

K. P.

Die Bergpredigt in Gedichten

Matthäus 5, 1 – 2

Als Christus einst auf Erden ging,
zog Ihm viel Volk beständig nach.
An seinem Munde jeder hing,
weil klar von Gottes Reich Er sprach.

Doch was gepredigt Er vom Berg,
ging selbst der Welt durch Mark und Bein:
Die Weisen schätzten dieses Werk
als geistlich hoch, - moralisch rein.

Doch dieses Lob braucht´ Jesus nicht,
das die Gelehrten Ihm erteilt;
weil Er zu dir und mir dies spricht:
Komm, hör Ihm zu, der gern dich heilt.

Sieh auf den Berg der Meister geht,
setzt nieder sich auf einem Stein;
der Jünger Schar bald vor Ihm steht
und sehr viel Volkes, groß und klein.

Dann schallt Sein Wort gleich einem Chor,
den nie zuvor die Welt gehört;
manch heil´ge Lehre hört das Ohr.
Komm, höre zu, was Jesus lehrt!

Matthäus 5, 3

O selig du, der du viel Leid erfahren,
dem oft das Brot des Lebens hat gefehlt;
wenngleich dem Lazarus die Wunden waren,
und du doch willig trugst, was dich gequält.

Und konntest du auch dann dem Herrn vertrauen,
so wächst ein Schatz im Himmel droben dir!
Nach Unterdrückung, Sorgen, Nacht und Grauen
ruhst du dann aus in Jesu Lustrevier.

Drum habe Mut, wenn auch im Weltgetümmel
du zu den geistig Armen wirst gezählt:
Verzage nicht, dein´ wartet schon der Himmel,
wohl dir, du bist für Gottes Reich erwählt!

Drum preist Er selig auch die „geistlich Armen",
weil sie dann reich sind selbst in Jesus Christ!
Er will sie tragen, ihrer Sich erbarmen,
ob schwer hier auch des Lebens Bürde ist.

„Selig seid ihr!" - o Wort voll Huld und Gnade,
weil es uns ew´ge Herrlichkeit verspricht!
Wo Jaspismauern sind und gold´ne Pfade,
dort dürfen wohnen wir im ew´gen Licht!

Matthäus 5, 4

O wieviel Tränen sind vergossen
durch den, der Leid unschuldig trug;
doch glaub ich´s, Heiland, unverdrossen:
„Du zählst sie, das ist mir genug."

Du siehst das Leid der Witwen, Weisen,
auch dess´, der lang gefangen liegt,
wer weint um seine Kinder leise,
die in der Welt der Feind betrügt.

Du siehst auch den, der um die Sünde,
die ihn noch quält, zu leiden hat.
Du bist´s, bei dem er Trost kann finden;
denn groß ist Deine Lieb und Gnad!

Ja selig, wer hier sät mit Tränen,
der Jahr um Jahr nur Leid geseh´n.
Getrost! - Bald stillt der Herr dein Sehnen,
du wirst vor Gott mit Garben stehn.

Drum;- Selig sind, die Leid hier tragen,
denn Trost hat Gott für sie bereit!
Bald geh´n sie heim, nach schweren Tagen
und sind bei Ihm in Ewigkeit!

Matthäuss 5, 5

Selig, wer sanftmütigen Herzens!
Selig, wer nie viel von sich hält!
Die Welt mag ihrer lachend schwätzen,
bei Gott sind sie doch hoch gestellt.

Auch Paulus lehrt uns: Christi Sanftmut
lass jedermann in euch stets sehn!
Denn Sanftmut ist´s, die dient und wohltut,
in diesem Schmuck lasst stets uns gehn.

Lasst uns in allem Sanftmut üben,
im Reden, Denken, auch im Tun!
Dass nie des Hochmuts böse Triebe
auch nur vor uns´rer Türe ruh´n.

Auch in der Tracht lasset Sanftmut glänzen,
lasst nie uns mit der Mode geh´n!
Lass sie die Heiligkeit ergänzen,
dann ist in uns der Herr zu seh´n.

Lass in uns groß die Sanftmut werden,
denn Herr, wir wollen selig sein!
Und mit Dir auf der neuen Erden,
wie auch im Himmel ewig freu´n.

Matthäus 5, 6

Selig ist, wer hier im Erdenleben,
mitten im Lug und Trug der Welt,
noch nach Gerechtigkeit will streben,
dem Unrecht sich entgegenstellt.

Selig der Mann, bei dem die Lüge
das Herz noch nicht vergiftet hat.
Selig, wer sich nicht lässt betrügen,
und wandelt auf der Wahrheit Pfad.

Hast Hunger du nach dieser Wahrheit?
Und Durst nach der Gerechtigkeit?
Die Bibel gibt dir hierin Klarheit,
ja mehr noch; Leben, Licht und Freud.

Ich will der Bibel mich nicht schämen,
sie stillt auch meinen Hunger stets:
und hab ich Durst, darf ich sie nehmen,
darf essen, trinken mit Gebet.

Und einst beim Herrn im Licht dort oben,
dann bin ich satt in Ewigkeit,
werd´ den gerechten Richter loben,
Der mich bewahrt hier in der Zeit.

Matthäus 5, 7

Nach Jericho zieht hin ein Mann,
Jerusalem hat er verlassen.
Da fallen ihn die Räuber an
in dürrer Wüste auf der Straßen.

Ein Priester kommt des Weg´s daher,
sieht diesen Mann im Blute liegen. -
„Ihm helfen? mindert meine Ehr,
´s wird schon ein and´rer fertigkriegen!“

Auch ein Levit sieht diesen Mann,
doch geht er - wie der Priester - weiter.
Ein Dritter kommt; wird der ihm nah´n?
Wird er nicht auch vorrüberreiten?!-

Er hält!- Sieht mild den Armen an,
gießt Öl und Wein in seine Wunden;
Barmherzigkeit, was die nur kann?!
So hat Gott Hilfe doch gefunden!

Drum selig, wer barmherzig ist!
Wer diesen Dienst tut mit Verlangen,
wie´s uns gelehrt hat Jesus Christ,
der wird Barmherzigkeit erlangen!

Matthäus 5, 8

Kann auch ein Mensch trotz Sünd´ und Schande
auf Erden reines Herzens sein?
wo Lug und Trug oft herrscht im Lande,
wo Stolz und Unzucht wohlgedeih´n?

Ja doch, weil Gott in Seiner Liebe
sich Seiner Schöpfung hat erbarmt;
ans Kreuz hat Ihn die Lieb getrieben,
zu retten uns aus Leid und Harm.

O kommt herzu! Seht Jesu Wunden
und wascht in Christi Blut euch rein!
Es reinigt, heilt und lässt gesunden:
so kann man reines Herzens sein.

Ja, selig sind, die reines Herzens,
sie dürfen Gott im Himmel schaun
und ewig leben frei von Schmerzen
am Lebensstrom auf lichten Au´n.

Die heil´ge Stadt mit gold´nen Gassen
darf jeder seh´n, wess Herz war rein,
wo Gottes Licht nie wird erblassen,
und Wundern wird kein Ende sein!

Matthäus 5, 9

O Mensch, wieviele hundert Jahre
lebst du in Streit und Feindschaft schon?
Die erste Ehe hat erfahren,
dass Blut vergoß ihr erster Sohn.

Von Abels Blut und hin bis heute
hört nimmer auf das Mordgeschrei.
Doch darum sandte Gott den Sohn uns heute,
Der uns von dem kann machen frei.

Drum selig ist, wer Gottes Frieden
im Herzen hat und Frieden liebt.
Denn das hat uns der Herr beschieden,
der „Frieden“ ist, und Frieden gibt.

Ja, selig, wer zum Frieden fertig,
wem Hass und Streit ein Greuel sind;
wer Frieden stiftet, Gutes predigt,
das ist ein echtes Gotteskind.

Drum Kinder Gottes, sucht den Frieden!
Denn dazu sind wir in der Welt!
Und tragt ihn fort, ohn´ zu ermüden,
so tut ihr, was dem Herrn gefällt.

Matthäus 5, 10

Wie selig sind, die oft Verfolgung leiden
und Jahr um Jahr gefangen liegen hier;
die um Gerechtigkeit viel müssen leiden,
doch wissen sie: Das Himmelreich ist ihr!

Auch jene, die als Märtyrer gestorben,
nur weil sie die Gerechtigkeit geliebt;
und dadurch oft des Bösen Plan verdorben,
weil sie statt Trug, Gerechtigkeit geübt.

Sie sind heut selig, sicher und geborgen,
sie ernten, was sie weinend einst gesät:
Sie ruhen nun nach Qualen, Angst und Sorgen,
nach langem Sehnen, Seufzen und Gebet.

Lasst uns auch nach Gerechtigkeit stets trachten,
und ob´s auch gilt zu dulden Spott und Hohn.
Lass uns die Welt auch lästern und verachten, -
im Himmel wartet unser auch ein Lohn!

Den hat für uns am Kreuze einst erworben
der heil´ge und gerechte Gottessohn! -
Wohl dem, der für die Sünde ganz gestorben,
ihn ziert im Himmelreich die Lebenskron!

Matthäus 5, 11 – 12

Selig seid ihr, wenn euch die Menschen schmähen,
ja gar verfolgen, weil ihr Jesus liebt;
wenn üble Reden über euch ergehen,
sind es nur Lügen; dann seid nicht betrübt.

Denn so ging es auch früher den Propheten,
die klar verkündigt haben Gottes Wort:
sie, die für Gottes Volk um Gnade flehten,
verfolgte man,- und oft an heil´gem Ort.

Drum seid getrost und fröhlich, Gottes Kinder,
wenn euch begegnen Trübsal, Schmach und Hohn!
Seid ihr in diesem Leben Überwinder,
dann wartet euer droben hoher Lohn!

O schaut auf Jesus, wieviel Er gelitten!
Statt drohen, war Er still; schalt nie zurück!
Er konnte für die Übeltäter bitten;
schenkt´ einem Schächer noch das größte Glück.

Doch heut´ liegt alle Welt zu Seinen Füßen,
Der für uns Sünder trug die Dornenkron´!
Drum leidet gern, gilt´s manches auch zu büßen,
wer hier treu bleibt, kriegt dort die Ehrenkron!

Matthäus 5, 13

„Ihr seid das Salz der Erde“, sagte Jesus.
Wozu das Salz uns dient, ist allen klar.
Die erste Liebe fehlte in Ephesus,
ob die Gemeinde sonst auch tätig war.

„Es geht nichts ohne Liebe!“ sagt die Bibel.
Und wer kann ohne Salz im Haushalt stehn?
Was opfert mehr sich auf als Gottes Liebe?
So geht´s auch mit dem Salz: es muss vergeh´n.

Doch, wo man´s nimmt mit Maß´ in Brot und Speise,
wie gut schmeckt beides, wenn´s gesalzen ist.
So dienen Salz und Lieb´ in einer Weise:
Salz würzt die Speise, Liebe würzt den Christ!

Auch schützen Salz und Liebe vor Verderben.
Das Salz wirkt, dass die Speise nicht verkommt;
die Liebe wirkt, dass wir den Himmel erben.
Sie schützt vor Tod und schafft nur, was uns frommt.

Drum lasst um echtes Salz und Lieb´ uns beten!
Denn werden beide dumm, dann geht´s uns schlecht!
Das Salz wirft man hinaus: es wird zertreten!
Und falsche Lieb´ zertritt man erst mit Recht!

Matthäus 5, 14 – 15

„Ihr seid das Licht der Welt“, welch schönes Gleichnis!
Zum Leuchten sind die Christen hingestellt!
Drum halte diese Worte im Gedächtnis!
Sieh, ob dein Licht das Dunkel auch erhellt!

Kann eine Stadt auf hohem Berge stehen
und doch verborgen bleiben vor der Welt?
Niemals! Man kann sie schon von Weitem sehen,
denn dazu ist sie auf den Berg gestellt!

So stellt man auch ein Licht nicht in die Ecke;
nein, auf den Leuchter, dass es heller scheint!
Und wollt ich´s unter einen Scheffel stecken,
so hättest DU´s mit Sicherheit verneint.

So stell auch du dein Licht auf einen Leuchter!
Lass Gottes Hand es selber zünden an!
Denn Gottes Licht, die Dunkelheit verscheuchte
und hat viel Wunder auf der Erd getan.

So tut ein Licht auch heut´ noch manches Wunder,
wenn´s richtig scheint in alle Welt hinaus!
Denn tief im Dunkel irrt manch armer Sünder,
und nur (d)ein Licht zeigt ihm den Weg nach Haus!

Matthäus 5, 14 – 15 nur mit Vers 16 zusammen aufsagen.

Drum lasst, ihr Christen, eure Lichter brennen,
Damit die Leute seh´n den hellen Schein -
der guten Werke, und daran erkennen:
Dies muss ein Kind des wahren Gottes sein!

Dadurch wird unser Vater, Gott, gepriesen;
denn nur die Tat beweist der Liebe Kraft!
Habt ihr durch gute Werke dies bewiesen?
Wohl euch, denn dieses ew´ge Früchte schafft!

So tut ein Licht zwei Wunder auf der Erden:
es zeigt den Weg dem, der von Gott noch weit,
wenn hell es scheint, kann er gerettet werden -
dir sammelt´s Schätze für die Ewigkeit.

Auch warnt ein Licht vor Schiffbruch manchen Seemann.
Ein Irrender sucht umsomehr ein Licht.
Ein reines Licht kann oft das Böse zähmen,
die Finsternis verträgt den Lichtschein nicht.

Drum lasst, o Christen, eure Lichter brennen!
Doch bitte Gott, dass hell es brennt und klar!
Denn wo´s noch qualmt, ist Jesus nicht zu kennen.
D´rum leuchtet hell, so wird Er offenbar.

Matthäus 5, 17

Jahrtausende schon Menschen leben
auf dieser fluchbelad´nen Welt;
doch hat es einen auch gegeben,
der heilig war, ein Gottesheld?

Doch - E i n e r kam, den die Propheten
verheißen längst der Menschheit schon:
Durch Predigt, Wundertat´ und Beten
viel Seelen heilte Gottes Sohn.

Er kam, um alles zu erfüllen,
was nie ein Mensch je hat vermocht;
um des Gesetzes Fluch zu stillen,
nahm Er auf sich der Sünde Joch.

Dem keiner gleich an heil´ger Schöne,
der ward zum Fluch an uns´rer statt.
Sein Ziel war´s, uns mit Gott versöhnen,
d´rum Er Sein Blut geopfert hat.

Denn ohne Blut gibt´s kein Vergeben;
ein Opfer Gottes Zorn nur stillt!
Drum gab auch Jesus hin Sein Leben
und hat so das Gesetz erfüllt!

Matthäus 5, 18 – 19

Soll denn nun das Gesetz vergehen,
weil es erfüllt durch Jesum Christ?
Nein, - wahrlich alles soll geschehen,
solange Erd und Himmel ist;

d´rum wisse, Mensch: es bleibt bestehen.
Willst frei du sein von Tod und Sünd,
dann musst du unter´s Kreuz erst gehen,
sonst wirst du nie ein Gotteskind!

Und bist du es, dann lies die Bibel!
Auf jeden Buchstaben gib acht!-
Das kleinste meiden, führt zum Übel;
ein Strichlein wegtun, führt zur Nacht!

Wer ein Gebot, wenn auch das feinste,
auflöst, und so die Leute lehrt;
der ist im Himmelreich der Kleinste,
ob auch gerettet und bekehrt.

Doch wer es tut, was Gott geboten
und lehrt die Leute auch demgleich;
wer führt zum Herrn die geistlich Toten,
der heißt dann „groß“ im Himmelreich!

Matthäus 5, 20

Ich danke Dir, dass ich nicht bin wie der,
der an der Tür steht mit gesenktem Haupte.
Nur Böses hört von ihm man ringsumher,
ich dien´ Dir treu, mir so ´was nie erlaubte!

Für deine Kinder bet´ ich überall,
Dein Wort ich ihnen pred´ge ohne Rasten.
Ich faste in der Woche noch zweimal,
und leg´ den Zehnten in den Kasten!

So hört man´s oft auch heut´ noch im Gebet,
doch wer so betet, gleicht dem Pharisäer!
Solch Beten Gott niemals zu Herzen geht
und zieht auch nie den Nächsten dadurch näher.

O Pharisäer, wenn du dich selbst tust loben,
wer wird dir deine Taten dann belohnen?
Ja, weil du Gottes Werk´ dir zugeschoben,
bekommt der Zöllner droben deine Kronen!

O Gotteskind!- Lass nie dein Leben hier,
auch nur den Schein des Pharisäers tragen!
Dass vor dir sich nicht schließt die Himmelstür,
wenn du den Herrn um Einlass einst wirst fragen.

Matthäus 5, 21 – 22

Dass Töten eine Sünde ist,
das ist gesagt schon zu den Alten.
Ein Totschläger hat keine Frist,
mit ihm muss man Gericht gleich halten.

Zu uns der Herr noch strenger spricht:
„Wer seinem Bruder wagt zu zürnen,
der kommt als Schuld´ger vor Gericht!
Wenn Gott verklagt, wer will dann schirmen?

Wer seinem Bruder „Racha“ sagt,
was anders man kann „Dummkopf“ nennen;
ist schuldig, wird vom Rat befragt
und muss dort seine Schuld bekennen.

Wer seinem Bruder sagt: „Du Narr!“
was anders „Böser Mensch“ kann heißen,
Der ist der Hölle schuldig gar!
Wer wird ihn aus dem Feuer reißen?

Doch sei nicht bange, Menschenkind!
Wer Buße tut, dem wird vergeben!
Wer Schuld bekennt, den Herrn gewinnt
und anstatt Hölle: ew´ges Leben.

Matthäus 5, 23 – 24

Wo strömt herab des Herrn reicher Segen?
Wo Liebe unter Gottes Kindern ist.
Dort kommt man auch dem Nächsten gern entgegen,
wo jeder strebt, zu folgen Jesus Christ.

Doch ach,- wie wenig Sieg und Licht ist leider
dort, wo oft Zwietracht, Zank und Feinschaft wohnt,
wo, statt zu grüßen, man geht finster weiter,
wo man den Nächsten richtet, statt ihn schont.

D´rum Christ gib acht, wenn du willst nahn dem Höchsten,
auf dem Altar ein Opfer Gott willst weihn;
fällt dir dort ein, dass du verletzt den Nächsten,
so lass dein Opfer auf der Stelle sein!

Geh erst dich mit dem Bruder zu versöhnen,
wohl dir, wenn du es kannst mit heil´gem Mut!
Dann wird auf deine Gabe Segen strömen,
und Gott ist gnädig dir in Christe Blut.

Willst du dem Herrn ein rechtes Opfer bringen,
so halte dazu Herz und Hände rein!
Und soll´s im Dienst des Heilands dir gelingen,
dann lass dein Opfer Nächstenliebe sein.

Matthäus 5, 25 – 26

Ihr hörtet, dass gesagt ist zu den Alten:
Du sollst nicht ehebrechen, Menschnkind!
Doch wollte dies Gebot der Mensch nicht halten,
und mancher fiel in diese große Sünd.

Auf Übertretung folgte harte Strafe:
gesteinigt ward vom Volk, wer das getan,
um so das Übel aus der Welt zu schaffen,
denn Ehebruch ist Satans Frucht und Wahn.

Doch wie sieht´s aus mit dieser Sünde heute?
Obzwar der Herr von uns noch mehr verlangt,
- wenn früher man den Ehebruch noch scheute -,
dann ist er Tagesordnung heut´ im Land.

Denn Jesus sagt zu uns: „Wer mit Verlangen
- wenn auch nur mit dem Blick - zum Nächsten naht,
der hat schon einen Ehebruch begangen,
wenn auch im Herzen nur geschah die Tat!

Glückselig, wer sich Jesu Wort kann fügen,
wer standhält gegen all den Sündenwust!
Drum kämpft nur mutig, Gott gibt Kraft zu siegen,
auch gegen Augen-, Welt- und Fleischeslust!

Matthäus 5, 29 – 30

O wieviel´ Ärgernisse gibt´s,
wer hat sie in der Welt geschaffen?
Ja, es gibt einen, der sie liebt:
denn es sind Satans mächt´ge Waffen!

Zu nennen sie, hat keinen Zweck,
denn viel sind ihrer, und verschieden -
und doch ein Ziel: Vom Glauben weg!
Und rauben jedem Christ den Frieden!

Schafft dir dein Auge Ärgernis,
so reiß es aus und wirf es von dir!
´S ist besser, blind ins Paradies
als sehend durch der Höllen Tür!

Und sei´s gleich deine rechte Hand,
die dich zur Sünde will verführen:
„hau“ sie nur ab, halt mutig stand!
Die wird kein Übel mehr berühren.

Doch braucht es nicht ein Beil zu sein:
ein „Schwert“ trifft gut die Ärgernisse!
Es dringt durch Geist, Seel, Mark und Bein!
Das ist die Bibel,- wie man´s wisse.

Matthäus 5, 31 – 32

Als einst der Herr den Menschen machte,
da schuf Er ihm auch eine Frau,
die Adam große Freude brachte;
die erste Ehe stand zur Schau.

Und diese blieb für´s ganze Leben,
der Tod nur, durfte scheiden hier!
Ward Adam Eva nur gegeben,
gibt Gott nur eine Frau auch dir.

Mit Ihr sollst du gemeinsam leben
in Schmerz und Freuden, Wohl und Weh´n.
Der Mensch soll lieben und vergeben,
nur Ehebruch darf nie geschehen!

Denn so sagt Jesus in der Bibel:
Wer scheidet und die Ehe bricht,
der tut vor Gott ein schweres Übel;
drum lass den Ehepartner nicht!

Wer Ehen bricht, tritt Gott entgegen,
wer untreu wird, zugrunde geht!
D´rum willst du erben Gottes Segen,
so tue, was vor Gott besteht!

Matthäus 5, 33 – 36

Die Alten mussten weiterhören:
„Halte den Eid, den du getan!“
Auch sollst du keinen falschen schwören,
denn nur das Rechte nimmt Gott an!

Nun, Mensch, hab acht auf Jesu Lehre:
„Ihr sollt nicht schwören überhaupt!“
Und sagst du was, tu´s nie verkehren,
ein Christ spricht so, dass man es glaubt!

Schwör nie bei Himmel oder Erden,
denn Gettes Fußbank letzte ist;
der Himmel Ihm zum Stuhl musst werden,
drum frag dich, was vor Gott d u bist?!

„Lass auch Jerusalem beiseite,
sie ist des großen Königs Stadt!“
„Schwör nie bei deinem Haupt!“ heißt´s weiter;
denn keinem es gelungen hat,

ein Haar weiß oder schwarz zu machen!
Drum ist das Beste, treu zu sein
im Reden wie in andern Sachen.
Tust du´s, so ist der Himmel dein!

Matthäus 5, 37

Mensch, wenn du sprichst, sei „Ja“ nur „Ja“!
was „Nein“ ist, darfst du nur verneinen.
Bevor du sprichst, prüf´, ob allda
statt Wahrheit nicht kann Trug erscheinen!

Nur das, was dir genau bewusst,
das sage aus, sonst lieb´ das Schweigen.
Lass nur heraus aus Mund und Brust,
was dein Gewissen kann bezeugen.

„Lass deiner Worte wenig sein!“
So sagt uns Gottes Wort in Sprüchen.
Wo man viel spricht, kehrt Sünde ein,
durch List, Betrug, Geschwätz und Flüchen!

Nie darf aus deinem Munde gehen
gleich: Loben, Fluchen, Lieben, Hassen!
Solch Quelle hab ich nie gesehen,
wo süßes fließt und bitt´res Wasser.

Drum, wo ein Wort genug kann sein;
da lass Geschichten oder Sagen,
denn „Ja“ sei „Ja“, und „Nein“ sei „Nein,“
denn Gott wird einst nur danach fragen.

Matthäus 5, 38 – 41

Auch hieß es weiter zu den Alten:
„Auge um Aug´ und Zahn um Zahn!"
Da ließ Gott Seine Liebe walten
und bot uns die Erlösung an.

Der Retter kam, wie es beschlossen,
nahm dem Gesetz der Strafe Macht;
weil Er Sein teur´s Blut vergossen,
hat Er Vergebung uns gebracht.

Drum lehrt uns Jesus in der Bibel:
„Gibt dir wer einen Backenstreich,
so widerstrebe nicht dem Übel,
biet´ ihm die and´re Wange gleich!

Will weiter mit dir jemand rechten
und sagt: „Die Jacke da ist mein!"
Besinn dich, horch nicht finster´n Mächten:
gibt ihm den Mantel obendrein!

Und fragt dich wer: „Geh eine Meile
mit mir, so gehe mit ihm zwei!
Vergib, statt Schläge auszuteilen:
So wirst du vom Gesetz ganz frei!

Matthäus 5, 42

Siehst vor der Tür du einen Armen,
lass ihn nie wartend draußen stehn!
Gib ihm aus innigem Erbarmen
und dann vergiss es, wenn´s gescheh´n.

Mag jemand bei dir etwas borgen
und bringt er dir es nicht zurück,
so mach´ dir darum keine Sorgen:
Der Herr belohnt dir´s, welch ein Glück!

Denn Er hat dies ja selbst geboten:
Drum, wenn du gibst, gib´ ungesehn.
Lass dir das Prahlen sein verboten!
Wer selbstlos gibt, das wird bestehn.

Und wer da gibt, dem wird gegeben!
Ja deine Handvoll Mehl wird neu.
Doch,-lebst du, lass auch and´re leben!
Dann hörst du einst: „Der Knecht war treu!“

O Christen, hier sitzt oft das Übel:
„Dies steht mir zu, ich nehm es jetzt!“ -
„Doch gib nur, wie uns lehrt die Bibel!“ -.
darauf fühlt mancher sich verletzt!

Matthäus 5, 43 – 45

Den Alten hieß es im Gesetz:
„Du sollst gleich dir den Nächsten Lieben!“
Doch hat dein Feind dich sehr verletzt,
den darfst du - wie er dich - betrüben.

Doch Jesus hat uns klar gezeigt,
wie groß war Seine Sünderliebe.
Vor wem sich Erd´ und Himmel beugt,
den hat´s für uns ans Kreuz getrieben!

Auch heut ist groß noch Gottes Huld:
Er sendet Sonne, Wind und Regen,
ob wer gerecht, ob voller Schuld:
für alle gleich ist Gottes Segen!

Wenn Gott in Christus so uns liebt,-
lasst uns auch lernen, Liebe üben!
Wer Liebe hat, der Liebe gibt;-
d´rum lasst uns auch die Feinde lieben!

Auf das wir rechte Kinder sind
des Vaters, der da wohnt im Himmel,
dass man an Gott erkennt Sein Kind
auch hier - trotz Sünd´ und Weltgetümmel.

Drum seid zu tun für Ihn bereit,
was Er uns heißt, in diesem Leben,
auf dass ihr Gottes Kinder seid,
der uns aus Lieb´ den Sohn gegeben!

Matthäus 5, 46 – 47

Wenn du willst lernen, richtig lieben,
dann lass das Ansehn der Person;
denn echte Liebe kann nur üben,
wer liebt wie Jesus, Gottes Sohn!

Er liebte nicht nur Seine Freunde,
nein, auch uns Sünder liebte Er!
Am Kreuz noch bat Er für die Feinde,
dass ihnen auch Vergebung wär´!

Hätt´ Jesus wie ein Mensch gehandelt,
nur den geliebt, der Ihn hier ehrt´;
wo würden ich und du dann wandeln?
Nie hätten wir uns wohl bekehrt!

Drum heißt es: Liebt nicht nur auf Erden,
die euch hier lieben in der Welt!
Kein Lohn wird solcher Liebe werden,
die es nur mit den freunden hält.

Liebst du nur die, die es dir lohnen,
taugt das nicht für die Ewigkeit:
Dort gibt´s für echte Lieb´ nur Kronen,
drum lerne lieben in der Zeit!

Matthäus 5, 48

Vollkommen - welch ein Wort voll Kraft und Schöne,
vollkommen - welch ein Glanz voll Sonnenschein!
Vollkommen - kann ein Lied noch besser tönen?
Vollkommen ist jedoch nur Gott allein!

Vollkommen ist der HERR: ewig, ja heilig
und vollkommen sein´ Liebe, Gnad´ und Treu.
Dies Wort „vollkommen" will Gott mit uns teilen,
damit der Mensch - wie Gott - vollkommen sei.

Dazu ist Gottes Sohn zur Welt gekommen
und nahm auf sich der Menschheit Schuld und Pein.
Wer dieses glaubt, der ist durch Ihn vollkommen;
durch Christi Blut wird man vollkommen rein.

Er sagt uns klar: Drum seid auch ihr vollkommen,
wie euer Vater es im Himmel ist!
Was euch dran hindert, hab ich weggenommen!
Doch hütet euch vor Satans Trug und List!

D´rum lasst nach dieser Eigenschaft uns streben,
ob schwer der Kampf auch gegen Sünd und Welt!
Der Lohn ist: Ein vollkomm´nes ew´ges Leben,
das unser wartet dort im Himmelszelt!

Matthäus 6, 1 – 2

Im Gotteshaus, wo sich versammeln
die Menschen um das Wort des Herrn,
kam nun die Zeit des Opfer Sammeln´,
wer etwas geben möchte gern.

O ja, das will ich auch beweisen,
dass gern ich gebe und auch viel:
dann knittert bald Papier nicht leise,
hier sind nicht Pfennige im Spiel!

„Das sollen doch die Leute hören,
dann sehen: das wünscht Jesus nicht!
So kann der Feind das Herz betören,
doch wisse: Alles kommt ans Licht!

Denn Jesus sagt: „Willst du was geben,
so gib es willig, ganz und gern.
Lass nie dein „Ich“ sich hier erheben:
sonst die Posaune dir ist fern!

Lass nie hier vor den Menschen scheinen
dein Almosen mit stolzem Sinn!
Auf dass du nicht einst hörst mit Weinen:
„Du habest deinen Lohn dahin!“

Matthäus 6, 3 – 4

Und gibst du was, so tu´s verborgen!
Denk auch nicht viel daran hinfort,
das tut der Herr, - mach dir nicht Sorgen,
denn Jesus lehrt´s uns durch Sein Wort:

„Lass deine linke Hand nicht wissen,
was jetzt die rechte machen will!“
Man kann den Geber auch vermissen,
wenn nur die Gabe kommt ans Ziel!

Drum gib dein Almosen im Stillen,
dass es verborgen bleiben kann;-
denn solches ist des Vaters Wille;-
solch´ Opfer nimmt Gott gerne an.

Denn hilfst du heimlich wem im Leben
und weiß der´s nicht, wer das getan,
so wird er Gott die Ehre geben
und preisen Den, der helfen kann.

Und solches weiß der Herr zu lohnen,
wenn das Verborg´ne kommt ans Licht,
DER gibt den Überwindern Kronen,
DEN für uns traf das Zorngericht!

Matthäus 6, 5 – 6

Wenn du zum Herrn kommst, um zu beten,
sollst du nicht wie die Heuchler sein,
die auf den Straßen vor Gott treten,
gern in die Schulen kehren ein,

die an den Ecken lange stehen
und beten, dass es jeder hört:
„Die Leute sollen es doch sehen,
wie fromm sie sind und recht bekehrt!“

Auch heut noch beten manche Christen
mit falschen Pharisäersinn —.
Doch Jesus sagt, ach dass sie´s wüssten:
„Sie haben ihren Lohn dahin!“

Wer beten will nach Gottes Willen,
der gehe in sein Kämmerlein,
schließ´ zu die Tür und bet´ im Stillen:
dann ist der Segen Gottes dein!

Sag deine Not Ihm, fremde Sorgen,
fleh für die Sünder und für dich;
denn Gott sieht auch, was uns verborgen
und wird dir´s lohnen öffentlich!

Matthäus 6, 7 – 8

Doch wenn zum Beten sich versammeln
die Gläubigen im Gotteshaus,
dann hört man einen oft nur stammeln,
der and´re macht viel Worte d´raus.

Was sagt nun Jesus zu den Beiden,
wenn Er die Seinen beten lehrt?
„Ihr sollt nicht plappern wie die Heiden,
denn dadurch wird man nicht erhört!“

Hier können wir vom Zöllner lernen,
der sprach im Tempel einen Satz.
Doch hörte Gott sein Flehen gerne:
solch ein Gebet war hier am Platz!

Aber des Pharisäers „Danken“
blieb unerhört, ob´s lang auch war;
denn Gott erkennt auch die Gedanken,
vor Ihm ist alles offenbar!

Der Vater weiß, schon eh wir bitten,
was für uns gut, was uns gebricht.
Und willst du Ihm dein Herz ausschütten,
tu es zu Haus,- im „Tempel“ nicht!

Matthäus 6, 9

Als Jesus kam ins Weltgetümmel,
lehrt´ beten Er Sein´ Jüngerschar:
„O Vater, der du bist im Himmel,
heilig Dein Nam´ sei immerdar!“

Welch Vorrecht, Gott zum Vater haben!
Wer „Vater“ sagt, muss Sein Kind sein:
Dies ist, wer völlig ist begraben
in Christi Tod, durch´s Blut ganz rein.

Dazu kam Jesus auf die Erden:
für uns gab Sich in Schmach und Pein,
dass wir gerettet können werden,
Gottes Namen geheiligt sein.

Nichts heiligt so des Vaters Namen,
wenn Sein Kind folgt Ihm gern und ganz;
durch treue Kinder viele kamen
zu Gott, zu Seiner Ehr und heilgem Glanz!

Drum Kinder Gottes, weiht das Leben
dem Herrn; dient treu, heilig zur Zeit!
´s wird Gottes Namen Ehre geben,
was würdig Seiner Herrlichkeit!

Matthäus 6, 10

Oft beten wir: „Herr Dein Reich komme,
Dein Will geschehe allezeit!“
Das ist die Sehnsucht aller Frommen,
die Gott ihr Leben hier geweiht.

Ja,- Gottes Wille ist geschehen,
dass Er sich unser einst nahm an:
Gott ließ den Sohn ans Kreuz einst gehen,
damit wir zu Ihm können nah´n!

Gott hat uns für Sein Reich erkoren;
doch werden die nur dort eingehn,
die hier von Neuem sind geboren
und treu für Gottes Reich hier steh´n.

Drum lasst uns tun, Herr, Deinen Willen,
gib dazu Mut und Freudigkeit!
Vergib, wo oft wir nicht erfüllen,
was uns Dein Wort zu tun gebeut.

Doch bald, wenn Du nach Deinem Willen
uns heimholst in Dein Himmelreich,
dort wirst Du unsre Sehnsucht stillen,
machst uns aus Gnaden, Herr, Dir gleich!

Matthäus 6, 11

Zu Dir fleh´n täglich Herr die Leute;
jedoch am meisten, wer ein Christ:
„Gib unser täglich Brot uns heute“,
weil Du der beste Geber bist.

Wir können ohne Brot nicht leben;
wenn es nur einen Tag uns fehlt,
dann will die Zung´ am Gaumen kleben,
weil mächtig uns der Hunger quält.

Du gibst uns, Vater, Brot und Speise,
wir bringen Dir den Dank dafür;
doch gibt´s viel Kranke, Witwen, Waise´,
die nicht so satt heut´ sind wie wir.

O streu auch ferner Deine Gaben
auf alle Menschen, groß und klein;
und wo wir schlecht gedankt Dir haben,
das wollest Du uns, Herr, verzeihn.

Gib, Vater, uns noch Himmelsmanna,
dass auch die Seele Speise hat;
wir bringen Dir ein Hosianna
für Deine große Lieb´ und Gnad!

Matthäus 6, 12

„Vergib uns, Vater, unsre Schulden",
so fleh´n wir oftmals zu dem Herrn;
doch schwerer fällt´s, sich zu gedulden,
und zu verzeih´n den Schuldigern!

Vergib uns Herr auch diese Sünde,
dass wir so lieblos können sein!
Vergib, wo wir gerecht uns finden
und wo wir geben bösen Schein.

Vergib, wo wir so lau Dir dienen
und wenig Frucht an uns zu sehn!
Vergib, wo wir mit Trauermienen
statt fröhlich durch das Leben geh´n.

Vergib, wo wir so wenig Liebe
dem Nächsten haben oft erzeigt!
Vergib, wo uns´rer Herzen Triebe
zum Bösen haben uns geneigt.

Mach uns, Herr Jesus, reiner, kleiner,
damit Du in uns groß kannst sein;
Du kannst vergeben und sonst keiner!
Drum lass uns dienen Dir allein!

Matthäus 6, 13

Du siehst, Herr Jesus, diese sünd´ge Welt,
ihr Locken, Toben, Schmeicheln, Wüten, Fluchen;
und mancher ihrem Tand zum Opfer fällt;
O führe, Herr, uns niemals in Versuchung,

sondern erlös uns von dem Übel immerdar;
bewahr uns vor des Satans list´gen Fallen,
Dir ist bewusst Herr, wo uns droht Gefahr,
halt unsre Hand, erhöre unser Lallen!

Doch hältst Du für uns Anfechtung bereit,
dann gib uns Kraft, auf Dich, Herr, nur zu schauen,
gib Gnade uns, dann fest zu stehn im Streit,
und freud´gen Mut, Dir, Heiland, zu vertrauen.

Denn Du weißt wohl, dass unser Fleisch ist schwach,
ob zwar der Geist auch willig ist zu streiten
mit Satan, Sünde, Welt und Ungemach,
doch bis zum Sieg kannst Du uns nur geleiten!

Bewahr uns vor Versuchung, Hass und Neid!
Gib Gnade uns, zu ehren Deinen Namen!
Denn „Dein ist Reich und Kraft und Herrlichkeit,
in Ewigkeit! - Herr Gott und Vater - Amen!“

Matthäus 6, 14 – 15

Kind Gottes, willst du glücklich sein,
dann musst du erst vergeben lernen;
und soll dein Leben wohlgedeih´n,
so halt von Hass und Neid dich ferne!

Denn Jesus sagt in Seinem Wort:
„Wenn ihr den Menschen könnt vergeben,
vergibt auch euch der Herr sofort;
so seid ihr auf dem Weg zum Leben!

Doch wer den Nächsten heimlich hasst,
nicht kann von Herzen ihm verzeihen;
ob er auch sonst nichts hat verpasst, -
zählt er umsonst sich zu den Treuen.

Denn Gott wird niemanden verzeih´n,
wer nicht dem Nächsten kann vergeben!
Drum, - willst du frei von Sünden sein,
dann lass auch frei den ander´n leben!

Vergib dem Nächsten gern und ganz,
tu Böses ihm mit Gutem lohnen!
Denn solches gibt den Christen Glanz
und einst im Himmel noch die Kronen.

Matthäus 6, 16 – 18

„Wenn fastet ihr, soll´s“, sagt der Herr,
„nicht Pharisäer g´mäß gehen,
die vor den Leuten fasten gern,
damit ein jeder sie konnt´ sehen!“
Wer heut noch hegt denselben Sinn,
der hat - wie sie - den Lohn dahin!

Drum, wenn du fastest, hüte dich,
vor Menschen sau´r zu scheinen!
Für dich der Herr am Kreuz verblich,
drum faste ohne Klag´ und Weinen!
Ein heimlich´ Fasten bringt Gewinn;-
sonst hast du deinen Lohn dahin!

Willst du gefällig sein dem Herrn,-
dien´ Ihm mit Fast´ und Beten;
doch tu´s verborgen, still und gern,
klag Ihm der Menschheit Nöten.
Doch tu es nie mit stolzem Sinn,
sonst hast du deinen Lohn dahin!

Drum salbe Herz und Haupt mit Öl,
gewaschen rein dein´ Seelen
mit Christi Blut von allem Fehl:
fast´ so - Gott wird´s empfehlen!
Und Er, der das Verborg´ne weiß,
lohnt öffentlich einst deinen Fleiß!

Matthäus 6, 19

„Nicht sollt Ihr euch Schätze sammeln
hier auf Erden!“ spricht der Herr.
Mammonsgut´ wird schnell vergammeln
- und Gott dienen: das ist schwer!“
Magst du viel dein Eigen´ nennen,
sei es Reichtum, Gold und Geld,
musst du doch im Tod bekennen,
dass der größte Schatz dir fehlt.

Denn das ird´sche muss vergehen,
Rost und Motten warten drauf;
auch kann es sehr leicht geschehen,
dass ein Dieb den Schatz gräbt auf!
Dann stehst du mit leeren Händen:
Der Schatz hier und jener fehlt!
Wer soll nun dein Schicksal wenden,
da du Gott nicht ganz erwählt?!

Christ, o lass der Säue Treber
und des Reichtums falsches Glück!
Das sind nichts als Tote Gräber
und der Seele Missgeschick!
Willst du glücklich sein auf Erden?
Such den Schatz der ewig ist!
Er wird dir zum Segen werden,
doch der Schatz heißt: Jesus Christ!

Matthäus 6, 20

„Sammelt aber dort euch Schätze“,
wo der „Bankherr“ Jesus ist,
wo kein Dieb danach kann hetzen,
und „kein Rost noch Motte frisst“!

Dorthin sammle edle Steine,
Gold und Silber Tag für Tag,
sei´n es große oder kleine, -
ob sie echt sind, danach frag!

Fragst du: „Welches sind die Schätze,
die dem Herrn gefallen sehr,
dass ich auf sie könne setzen
mir zum Segen, Gott zur Ehr?

Gastfrei sein und Gaben spenden,
liebreich und behilflich sein;
gehen,wo der Herr hinsendet,
das sind Schätze echt und fein.

Auch Gehorsam, Demut, Treue;
sammle sie im Glauben ein!
Das wird Gott, den Herrn, erfreuen
und der Welt ein Segen sein!

Matthäus 6, 21

„Wo dein Schatz ist“, sagt der Herr,
„dort wird auch dein Herze sein!“
Drum ist oft die Wahl so schwer,
weil zwei Mächte greifen ein:

Eine flüstert „Geld“ in dein Ohr, -
„Reichtum, Weltlust“ ist dein Teil!
Die and´re zieht zu Gott dich empor,
sagt: Im Himmel ist dein Heil!

Wählen nun darfst du, Menschenkind:
wo dein Schatz ist, ist dein Herz!
Fliehst du hier vor Welt und Sünd,
wohl dir, gehst du himmelwärts!

Ist auf Erden hier dein Schatz,
wird´s das Herz auch dorthin zieh´n;
dann erwirbst du dir den Platz,
den ich fliehe, - selbst im Sinn!

Lass den HERRN dein Schatz nur sein,
nie auf´s Ird´sche heft´ den Blick!
Mit Ihm geht´s zum Himmel ein,
wo ew´ge Freude ist und Glück!

Matthäus 6, 22 – 23

Das Auge ist des Leibes Licht,
draus kann man klar den Zustand lesen,
was jeder denkt und was er spricht,
wovon erfüllt sein Tun und Wesen.

Ist nun dein Auge reines Licht,
dann spiegelt es dein Ihnn´res wieder!
Ein reines Herz vom Reinen spricht,
singt, lobt den Herrn durch reine Lieder!

Frag d´rum dich Christ: Wie scheint mein Licht,
dann müssen flieh´n die finstren Mächte;
dann hörst du einst, wenn Jesus spricht:
„Kommt, erbt das Reich, ihr treuen Knechte!

Doch ist dein Aug´ ein Schalk in dir,
kann´s auch dem Leib nicht anders gehen;
statt Licht,- nur Finsternis ist hier!
Wer finster ist, wird Gott nie sehen!

Matthäus 6, 24

Niemand kann zwei Herren dienen,
die einander Feinde sind;
will wer einswerden mit ihnen,
ist er ein verlorenes Kind.

Eins nur gilt: Tun oder lassen!
Liebst du Einen ganz und gar,
dann wirst du den andern hassen,
hast zum Feind ihn immerdar.

Wirst du nach dem andern trachten,
dass er dich nicht plagt und quält,
damit wirst du Den verachten
Der als Kind dich einst erwählt´.

Wer bringt diese zwei zusammen:
ungerecht und heilig sein?
Unrecht,- das wird Gott verdammen,
Heiligkeit, wird ewig sein!-

Eins kannst du, o Mensch, nur wählen;
Mammon, Weltlust, bringt den Tod!
Willst du nicht dein Ziel verfehlen,
dann bekehr´ dich ganz zu Gott!

Matthäus 6, 25 – 26

„Sorgt nicht“, sagt der Herr, “für´s Leben,
noch um Essen, Trinken, Geld!
Denn mein Vater kann´s euch geben:
schuf aus nichts doch diese Welt!-

Sollt euch um den Leib nicht sorgen,
wie bekleidet ihn und schmückt,
glaubt an Den ihr heut wie morgen,
euch zum Leben das Nöt´ge schickt!

Ist´s Leben denn nicht mehr als Speise,
mehr der Leib als Kleidung ist?
Seht die Vögel, ihre Weise,
der´ mein Vater nicht ein´s vergisst!

Nicht sie säen, noch ernten können;
keine Scheunen füll´n wie wir!
Würd´ ich sie doch glücklich nennen:
für sie Gott sorgt für und für!

Ihr seid mehr als diese Kleinen,
die der himmlisch´ Vater speist?
Lass drum Sorgen, Mensch, und Weinen,
preist den HERRN mit freud´gem Geist!

Matthäus 6, 27 – 30

Seht die Lilien auf dem Felde
wie so wunderschön sie blüh´n!
Doch sie leben nicht vom Gelde,
spinnen nicht, wie wir es tun.

Brauchen sich nicht putzen, färben;
denn das hat der Herr getan!
dieses hätten wir soll´n erben,
statt mit Sorgen Ihm zu nah´n.

Wer ist hier, der eine Elle
seinem Wuchs zusetzen kann?
Ob er noch so kühn sich stelle;
nichts fängt er mit Sorgen an!

Schaut nochmal der Lillien Schöne,
sorgt um eure Kleidung nicht!
Denn auch Salomo, der König,
trug kein Kleid, das ihnen glich!

So denn Gott das Gras im Felde
also schmückt mit schöner Zier,
warum sind denn Sorgenhelden
und nicht Glaubenshelden wir?!

Matthäus 6, 31 – 32

D´rum sollt ihr nicht sorgend sagen:
O was essen und trinken wir nur!?
Sollt um Kleidung euch nicht plagen,
ob euch´s steckt in der Natur!

Nach dem all´ die Heiden trachten,
sorgen früh sich und auch spät;
lassen doch die Seel´ verschmachten,
die Gott´s Wort nährt und Gebet!

Dies sei euer Trachten, Streben,-
dass die Seel´ die Speis´ bekommt!
Legt in Gott´s Hand euer Leben;
Er weiß, was ihr braucht, euch frommt.

Manche Sorg´ sind nichts als Lüste:
„Nachbar mein hat dies und das!"
Schon will Habsucht ´s Herz benisten;
deren Frucht ist Neid und Hass!

O vertraut dem himmlisch´n Vater;
werft all´ die Sorgen nur auf Ihn!
Sagt und klagt sie dem "Berater",
der euch führt; ihr braucht nur ziehn.

Matthäus 6, 33

Schon seit Anbeginn der Welt
Menschen sind in stetem Suchen;
hohes Ziel wird stets gestellt,
´s folgen Kriege, Mord und Fluchen!

Sollt man das Wörtchen „Leben“ nun,
in echter Sprache übersetzen;
Das hieße: Schaffen, Sparen, Tun,
Betrügen, Jagen, Suchen, Hetzen!

Doch Christus kam in diese Welt,
gab für uns hin sein Blut und Leben;
hat sich als Mensch uns gleich gestellt,
um uns Sein ew´ges Reich zu geben!

Wer will denn ew´ges Leben nicht?!
Wer will in Ewigkeit denn schmachten?
Will wer dies Leben?- Jesus spricht:
„Der soll nach Gottes Reich auch trachten!“

O Christen, lasst das Reich des Herrn
an erster Stelle sein im Leben!
Folgt Ihm gehorsam, ganz und gern!
Und was ihr braucht, wird Er euch geben!

Matthäus 6, 34

Sorgt nicht für den morg´gen Tage!
dafür wird der HERR schon sorgen!
Jeder Tag hat eig´ne Plage;
Künft´ges ist uns doch verborgen!

„Sorgt nicht für den morg´gen Tag!"
so klang Christi Bergeslehren,
„Schaut mich, komm´, was kommen mag!
Ich weiß eurer Herz´ Begehren!"

Sorgt nicht für den morg´gen Tag:
´s Leben kann sich heut noch wenden!
Nur das Wicht´ge sei eur´ Frag,
wenn der Herr sollt´s Leben enden.

Sorgt nicht für den morg´gen Tag!
Sorgen lasst auf Jesus legen!-
Denn kein andrer - wie Er - ´s vermag
speisen uns mit göttlich´ Segen!

Sorgt nicht für den morg´gen Tag!
Doch wir sorgen, planen, messen.
Doch was Christ´ vom Berg´ uns sagt;
das wird leider oft vergessen.

Matthäus 7, 1 – 2

Richtet nicht!- der Heiland sprach,
dass euch nicht Gericht dort werde!
Hab Geduld mit dem, der schwach,
denn d u fehlst auch auf Erden!

Richt´ nicht! Über´n Nächsten sprich nie schlecht!
Sieh ,- der Herr lenkt auch dein Ruder -
der dich sprach am Kreuz gerecht;
drum richt auch d u nicht deinen Bruder!-

Wie du andre richten wirst,
sollst auch du gerichtet werden!
Dadurch du dich selbst verführst,
so verlierst du Jesu Herden.

Denk nie, dass du größer bist,
Prüf´, ob´s Maß vor Gott auch stimme?!
Rechtes Maß hat Jesus Christ,
danach wird dir Lohn im Himmel.

Lass dem Herrn ´s Gericht und Maß,
dass Er richtig mess´ und lohne!
Flieh vor Selbstsucht, Richtsinn, Hass:
voll Gnad´ wird dir dann die Krone!

Matthäus 7, 3 – 5

Was siehst du nur in deines Bruders Augen
den Splitter schnell, und merkst nicht wie bei dir
ein Balken darin steckt? Was mag der taugen,
der du nur deinen Nächsten richtest hier!

Oder wie darfst du sagen: „Halt mein Bruder,
der Splitter muss aus deinem Auge weg!“
Und denkst nicht, dass, der droben sitzt am Ruder,
sieht bei dir einen Balken drin versteckt.

Drum prüfe dich, eh du den Nächsten richtest,
ob viel er oder wenig schuldig ist;
Wenn du ihn liebst, ist´s gut, wenn du verzichtest,
und flehst zu Gott für ihn als wahrer Christ.

Er wird dir dann auch deine Fehler zeigen;
doch musst du ins Gericht erst mit dir geh´n
und erst um deine Schuld vor Gott dich beugen,
dann darfst du erst des Bruders Splitter seh´n.

Drum sei kein Heuchler! Pack aus bis Ende,
wo dich ein „Balken“ noch im Auge quält;
dann darfst du dich an deinen Bruder wenden,
wenn er auch wirklich etwas hat verfehlt.

Matthäus 7, 6

Einst sprach der Herr: Gebt nie den Hunden
das Heiligtum, das ich euch gab!
Ich heilte euch durch meine Wunden,
ging in den Tod, für euch ins Grab!

Lasst es den andern uns erzählen
vom Heiligtum, das uns beschwert,
dass sie den Heiland auch erwählen,
denn dadurch wird der Herr geehrt.

Doch, wo sie Christi Gnad´ verschmähen,
da schweigt von diesem Heiligtum;
dort lasst sie euren Wandel sehen,
das „fünfte“ Evangelium!

Werft eure Perlen nie zu Füßen
den Säuen, denn die wissen nicht,
wie man muss heil´ges Gut genießen;
euch kann es werden zum Gericht.

Sie können euren Schatz zertreten,
und euch zerreißen gar vor Wut.
Drum lasst uns ernstlich darum beten,
wem wir vertrauen Gottes Gut.

Matthäus 7, 7 – 8

„O bittet, so wird euch gegeben;“
so sprach zum Volk einst Jesus Christ.
„Wer bittet, empfängt ew´ges Leben,
wenn gläubig er gekommen ist.“

„Ja, suchet, so werdet ihr finden,
wenn euer Herz Gutes begehrt:
Erlösung, Freiheit von den Sünden
wird finden, wer zu Mir sich kehrt!“

„Klopft an die Türe meiner Gnade,
gern öffne ich sie jedermann;
ob weit verirrt wer auch vom Pfade,
ich zeig ihm den Weg himmelan!“

Drum bittet und sucht fest im Glauben,
klopft an, denn gern hört Jesus euch;
was Er gibt, kann niemand uns rauben,
und das ist Sein ewiges Reich.

Doch wird es nicht ewig so gehen,
der Gnadenzeit folgt ein Gericht.
Dort hilft kein Klopfen dir, kein Flehen;
auch, was du dann suchst, find´st du nicht.

Matthäus 7, 9 – 11

Wer wollte solch ein Vater sein,
der - wenn sein Kind um Brot ihn bitte -
ihm dafür biete einen Stein:
das wäre eine böse Sitte.

Oder wer gibt für einen Fisch
dem Kind zu essen eine Schlange?
„So etwas kommt nicht auf den Tisch“,
sagt ihr, „denn davor ist uns bange!“

So ihr denn, die ihr arg doch seid,
habt dennoch manche gute Gaben
für eure Kinderschar bereit,
dass sie daran auch Freude haben.

Wieviel mehr, meint ihr, wird euch nun
vom Himmel euer Vater geben?
Fürwahr, es ist Sein liebstes Tun,
wenn Er kann schenken ew´ges Leben.

Doch will Er d´rum gebeten sein.
Denn fehlt dir noch die beste Gabe,
dann fleht zu Gott, ob groß ob klein,
dort könnt ihr, was ihr bittet, haben.

Matthäus 7, 12

Wär Christus noch auf Erden heute
und richtete die Frag an dich:
Wer will geliebt sein von den Leuten?
Die Antwort würde heißen: „Ich!“

Natürlich würde keiner trachten,
sich selber Schaden anzutun;
doch ist dem so, muss man beachten:
Wer ruhen lässt, - darf selbst auch ruh´n.

Wer Frieden gibt, wird Frieden haben,
wer Liebe spendet, wird geliebt!
Ja, man erringt die guten Gaben,
wenn man dem Nächsten sie erst gibt.

Und willst du glücklich sein auf Erden,
tu´ andern, was man dir soll tun;
lass an´dre durch dich glücklich werden,
wer glücklich macht, wird göttlich ruh´n.

Lasst uns um diese Tugend beten,
die Jesus uns befohlen hat.
Das ist´s Gesetz und die Propheten:
der Liebe Kraft beweist die Tat!

Matthäus 7, 13 – 14

Und weiter schallen Jesu Worte:
„Zwei Wege steh´n dir Mensch bereit:
Geh ein doch durch die enge Pforte“,
wenn du beim Herrn willst sein allezeit.

Denn breit der Weg und weit die Pforten,
die zur Verdammnis führt hinab,
und viele warten sorglos dorten,
weil es bequem sich geht bergab.

Der andre Weg ist schmal dagegen,
die Pforte ist auch enge nur,
doch führen sie zum ew´gen Segen:
zum Leben führt die schmale Spur!

Ob diesen Weg nur wen´ge finden
weil schmal er ist und geht bergan,
doch die ihn geh´n, sind frei von Sünden
und zieh´n drum fröhlich ihre Bahn.

Und nochmal schallen diese Worte:
Der breite Weg führt euch zur Pein! -
Drum gehet ein zur engen Pforte,
wenn ihr wollt ewig selig sein!

Matthäus 7, 15 – 16

Sehet euch vor vor den falschen Propheten,
die da in Schafskleidern kommen zu euch,
die gern die wahrhaften Diener vertreten,
dass man sie oft nicht erkennen kann gleich.

Auswendig beten sie, predigen, helfen,
tun, als ob sie nach Rechtem nur seh´n;
inwendig sind´s aber reißende Wölfe,
die, nur zu hindern, in Gottes Reich steh´n.

Man kann sie oft auf der Kanzel wie Schafe
ja selbst am Platz eines Ältesten seh´n;
Weh dann den Christen, die lau sind und schlafen:
ein schlafendes Schaf nie der Wolf wird umgeh´n!

Bald wird solch Opfer dann gierig verschlungen,
wenn nicht beizeiten der Hirte es weckt.
Manchem ist,´s zu zerreißen, gelungen,
weil sich die Wölfe als Schafe versteckt!-

Will sich die Dorne als Weinstock auch nennen,
will auch die Distel ein Feigenbaum sein:
„An ihren Früchten sollt ihr sie erkennen!“
Doch dazu müssen voll Geistes wir sein.

Matthäus 7, 17 – 18

Jesus sagt: „Ein guter Baum
kann nur gute Früchte tragen."
Manchmal glaub ich dieses kaum
und stell mir dann selbst die Frage:

Bist du auch ein guter Baum,
ist drauf gute Frucht zu schauen?
Oder ist das nur ein Traum,
und du wirst bald abgehauen?!

Manchen Baum sah ich schon steh´n,
krumme Äste, Narben, Wunden,
doch dann hab ich aufgeseh´n
und hab gute Frucht gefunden.

Dies ward mir vom Herrn zum Trost:
Solch ein Baum, ist auch dein Leben;
ist er auch nicht schön und groß,
kann er gute Frucht doch geben.

Doch wenn darin Fäulnis ist,
dann muss man sich´s wirklich fragen.
Denn ein fauler Baum und Christ
kann auch faule Frucht nur tragen.

Matthäus 7, 19 – 20

Der Herr kam einst zum Feigenbaum,
- doch keine Frucht er fand!
Er schüttelt´, schaut´, und glaubt´ es kaum:
„Was hindert er das Land?!"
sagt dann der Herr, zeigt mit dem Stab:
„Den Baum hier, Gärtner, haue ab!"

Der Gärtner spricht zu seinem Herrn:
„Sieh, wie er steht so schön!
Ich glaub, der Tag ist nicht mehr fern,
wo er lässt Früchte sehn.
Ein Jahr noch, weil ich Hoffnung hab,
wo nicht, so hau ihn danach ab.

„Doch wer nicht gute Früchte bringt",
so sagt die heil´ge Schrift,
in den des Gärtners Axt dann dringt,
die bis ins Herz hinein ihn trifft.
Dann wirft er ihn ins Feuergrab;
so geht´s, wenn Gott sagt: „Hau ihn ab!"

Drum wache auf und prüf dich sehr,
der du dich Christ hier nennst;
„An seinen Früchten", sagt der Herr,
„man jeden Baum erkennt!"
O nütz die Zeit, die Gott dir gab,
dass du nicht hörst: „Den Baum hau ab!"

Matthäus 7, 21

Höret, es werden nicht alle
einst in den Himmel dort eingehn,
ob das „Herr, Herr!“ auch weit erschalle.
doch wenn die Frucht nicht ist zu sehn,
hilft´s Loben nicht nur mit dem Mund den Herrn,
und ihre Herzen doch von ihm sind fern.

Doch die da tuen Gottes Willen
und Gottes Wege grade geh´n,
Seine Gebote hier erfüllen
und treu zu Jesus immer stehn,
denen steht auf das himmlisch´ Tor:
bald geh´n zu Jesus sie empor.

Darum ermahnet euch, ihr Christen,
und denket daran jede Stund´,
dass es sind häufig Satans Listen,
Gott loben allein mit dem Mund.
Doch wer von Herzen zu Jesus fleht,
glaubt nur: Gott erhört echtes Gebet!

Darum gebrauchet nie Gottes Namen,
wenn´s nicht von Herzen aus euch kommt;-
Sonst sagt Gott dazu gar nicht „Amen“;
denn Sünde ist ja, was nicht frommt!
Nie heuchelt und sprecht falsch dem Herrn! -
Durch Geistesfrucht doch preist Ihn gern.

Matthäus 7, 22 – 23

Einst werden viele zu Ihm sagen
an jenem Tage: „Herr, o Herr!
Haben wir nicht Dein Wort getragen
in Stadt und Dörfer nah und fern?!

Haben wir nicht in Deinem Namen
auch Teufel, ausgetrieben hier?
Herr, zähl die Taten doch zusammen,
die wir getan auf Erden Dir!"

Dann wird der Herr ihnen bekennen:
„Ich habe euch noch nie erkannt!
Ich muß euch Übeltäter nennen,
weicht von mir, denn ihr seid verbannt!"

Wie schrecklich kann man sich betrügen,
wenn man sich selbst für heilig hält
und sich nicht Gottes Wort will fügen,
sondern nur scheinen für die Welt.

Drum lasst die ernste Warnung hören:
Dient Jesum, lebt zu Seiner Ehr!
O Christen, lasst euch nicht betören.
Einst werdet ihr gekrönt dafür!

Matthäus 7, 24 – 25

Wer diese meine Rede hört,
und tut nach meinem Wort und Zeichen,
wodurch mein Vater wird geehrt,
soll jenem klugen Manne gleichen,
der nach dem besten Platz geschaut, -
und auf dem Fels sein Haus gebaut.

So hat uns Jesus einst gelehrt,
als Er gewandelt hier auf Erden.
Wer nun zu Ihm sich gläubig kehrt
mit allem Kummer und Beschwerden,
wird irren sich an Christum nicht.
Doch horcht, was Jesus weiter spricht:

Da nun ein Sturmwind mächtig blies
und mit sich brachte starken Regen; -
als beides an das Haus nun stieß,
um fort zu schwemmen, fort zu fegen,
hielt fest doch jenes Hauses Wand,
weil es auf einem Felsen stand.

Nun kurz zum Gleichnis die Moral,
die hier uns Jesus wollte sagen:
Willst du entgeh´n der ew´gen Qual,
lass dich dies Wort zu Christus tragen,
Der Tod und Hölle überwand,
ja dieser Fels hält ewig stand!

Matthäus 7, 26 – 27

Wer aber meine Rede hört
doch danach nicht will tun noch streben,
sich nicht zu Meinen Worten kehrt,
und nicht nach Meinem Rat will leben,
den stell ich gleich mit jenem Mann,
der auf dem Sand zu bau´n begann.

Ja, wirklich töricht ist der Mann, -
wenn Felsen wir mit Sand vergleichen.
Drum hat es Jesus auch getan,
denn damit wollte Er erreichen,
dass wir uns Ihm ganz anvertrau´n,
und nicht auf Sand das Haus hier bau´n.

Wenn an dies Haus, gebaut auf Sand,
sich Wasser, Sturm und Regen machen,
hält es der Dreien Wucht nicht stand,
und stützt dann um mit großem Krachen.
Man hat gebaut, geschafft, gewühlt,
doch alles ist hinweggespült.

Wer noch nach Welt und Reichtum schaut,
wen Habsucht, Stolz und Neid noch quälen, -
der hat dann schon auf Sand gebaut,
und kann das ew´ge Ziel verfehlen.
Drum Christen, wollt ihr halten stand,
dann baut auf Christus, nicht auf Sand!

Matthäus 7, 28 – 29

Dann endet Jesus Seine Predigt,
die Er zum Volk vom Berge sprach; -
hier hat Er Seine Pflicht erledigt,
doch eilt Er schon der nächsten nach.
Denn Jesu Pflicht auf Erden war,
Sein Heil dem Volk zu machen klar.

Doch kam die Menschh ... setzen,
... ewaltig Er gelel ...

... tärke,
... Licht!
... e,

... n.

Advent (I)

A: Adventszeit, sag mal, was soll das bedeuten?
Ist das ein Fest- oder ein Feiertag?
Man hört das Wort „Advent“ von vielen Leuten,
wo jeder Christ sich zubereiten mag.
Man spricht von einem König: Er kommt bald:
Wo kommt Er her, und hat Er auch Gewalt?

B: Wo kommst du her? Möchte ich dich erst mal fragen.
Dass du nichts weißt von dem, was einst geschah?
Wir freuen uns schon sehr in diesen Tagen,
denn Weihnachten, das schöne Fest ist nah!
Wie herrlich dann der Lobgesang erschallt:
Ihm, der die Liebe ist, sei Ehre und Gewalt!

A: Nun, Weihnachtsfest; warum ist es das beste?
Was ist die Freude, die so groß dir scheint?
Mir scheint, dass ziemlich gleich sind alle Feste.
Man trinkt und tanzt, und oft dann bitter weint.
Ist endlich Jubel und Musik verhallt,
so endet´s oft mit Streiten und Gewalt.

Auch sagtest du, dass jemand ist „die Liebe“!
Gibt es denn wahre Liebe überhaupt?
Wär´s besser nicht, wenn ich bei meinem bliebe?
Denn dieser „Sage“ heut´ man kaum noch glaubt.
Sei´s auch ein König, den man schön euch malt,
so herrscht auch der oft grausam mit Gewalt.

B: O armer Mensch, nun hast du dich verraten,
nun seh ich, dass du wirklich nichts verstehst

von unser´s Heilands großen Liebestaten,
dass du den breiten Weg noch abwärts gehst!
Ich spüre, wie dein Herz noch eisig kalt:
Du stehst noch unter Satans Gewalt.

Jedoch vergib, - dass ich so streng entschieden:
Es kam aus tiefstem Herzen mir hervor!
Denn ich war selbst, wie du einst ohne Frieden!
Doch Gottes Liebe fand mich armen Tor
und rief: „Kehr um dich, weil mein Licht dir strahlt!
Ich kann dich retten: Mein ist die Gewalt!“

A: Nun bin ich ganz verwirrt, - befreien, retten?
Ein Gott, der Liebe ist, hat auch Gewalt?
Wie kann man diese beiden nur in eines betten?
Wo Liebe ist, ob man mit Kraft dort prahlt?
Sind wirklich diese zwei eine Gestalt?
Wie mengt sich denn die Liebe mit Gewalt?

B: Nun sind wir erst am Kern der großen Frage:
Nun müssen wir zurückkehr´n zum Advent!
Das ist die große Freud: die Weihnachtstage,
wo Gottes Liebe sich zu uns bekennt!
Sein Wort uns sagt, wie Er den Tod einst schalt:
Ich will die Menschen retten durch Gewalt!

Nun fragst du wohl: „Wie ist das zugegangen?“
Den Menschen ändert keine Macht der Welt!
Doch das war grade unsers Herrn Verlangen,
da hat sich Christus in den Riss gestellt.

Er kam herab zu uns, für Jung und Alt
und hat den Feind bezwungen mit Gewalt!

Denn anders ließ sich uns´re Sünd nicht tilgen:
Ein Opfer musste für die Sünde sein!
So gab für uns Gott Seinen Sohn, den Will´gen:
Der nahm auf Sich all uns´re Schuld und Pein!
Nun Tod und Leben ist zusammengeprallt:
Dies will der Feind verhindern mit Gewalt!

Denn wenn der Herr erst ist für uns gestorben,
dann ist das Opfer gültig und hat Macht.
Drum hat der Feind mit List und Trug geworben,
ja Tod und Hölle selbst zuhauf gebracht!
Vergeblich Satan doch die Fäuste ballt:
„Es ist vollbracht!" ruft Jesus mit Gewalt.

So ward vollendet Gottes Plan der Liebe,
für uns´re Schuld gab Seinen Sohn er hin!
Den hat die Liebe in den Tod getrieben,
am Kreuz zu büßen, das, was wir verdient.
Doch spricht das Leben nun zum Tode: „Halt!
Gott wird ihn auferwecken mit Gewalt!"

A: Nun ist mir klar, was euch Advent bedeutet
und Weihnachten, worauf ihr euch so freut!
Doch mir ist wohl ein and´res Los bereitet,
Vor mir der heil´ge Christ Sich sicher scheut.
Mein sünd´ges Herz schon jetzt mit Beben wallt!
Denn mich stößt Er wohl von sich mit Gewalt!? -

B: O nein, hör zu, umsonst sind deine Klagen!
Ein Schächer selbst am Kreuz noch Gnade fand!
Du darfst „Herr denk an mich!“ gleich ihm heut´ sagen:
Auch dich will fassen Jesu starke Hand!
Glaub´s, auch für dich hat Er die Schuld bezahlt!
Auch dich zu retten hat der Herr Gewalt!-

A: O heil´ge Liebe Gottes und Erbarmen,
o hör mein Fleh´n und nimm´s in Gnaden an!
Lss ruhn auch mich in deinen Heilandsarmen!
Wo ich Vergebung, Frieden finden kann.
„Advent“, auch ich Herr warte, „Komme bald!“
Lass´s in mir Weihnacht´ werden mit Gewalt!

B: Noch ist´s Advent, doch bald soll´s Weihnacht´ werden:
bald kommt der Herr, zu holen in Sein Reich
die, welche zu Ihm kamen hier auf Erden
und treu ihm dienten, werden dort Ihm gleich.
Kommt zu Ihm, eh sein letzter Ruf verhallt!
Denn wenn Er kommt, dann kommt er mit Gewalt!

K. P.

Advent (II)

Advent, Advent! Der König kommt bald wieder,
der einstens kam und ward uns Menschen gleich.
Advent, erwacht: Gemeinde, Schwestern, Brüder!
Er kommt uns heimzuholen in Sein ew´ges Reich.
Doch kommt Er nicht, zu sühnen uns´re Sünden.
Er kommt sehr bald, doch nicht als Kindlein klein.
Der König kommt! Wird Er uns wachend finden?
Wirst du, - werd ich dann geh´n mit Ihm zum Himmel ein?

Advent! O seht, wie dunkel ist´s auf Erden, -
wie damals auch, als der Erlöser kam.
Er brachte Licht: es konnte Weihnacht werden
für jeden, der den König in sein Herz aufnahm.
Doch viele sah man, gegen Ihn sich rotten,
sie wollten solchen Herrn und König nicht.
So ist´s auch heut: gar viele Ihn verspotten,
doch für die Spötter kommt der König zum Gericht.

Advent! O Mensch wach auf, noch kannst du wählen!
Bald kommt der Herr, doch noch ist´s Gnadenzeit!
O komm zu Ihm, rette deine Seele.
Er nimmt dich an, doch komm zu deinem Herrn noch heut!
Oh sieh dich um: voll Frevel ist die Erde;
blind rast die Menschheit dem Verderben zu!
Nie wird´s für die Verächter Weihnacht´ werden,
Drum komm, weil noch Advent, und du hast ewig Ruh!

K. P.

Adventsruf

Advent! – so hört man´s überall:
Auf Bergeshöh´n, im tiefen Tal.
In Dorf und Stadt man Eile hat
und singt schon Weihnachtslieder.
Geputzt, gereinigt wird das Haus,
auch an Geschenk man fleißig denkt,
denn Weihnachten kommt wieder!

Advent! – es ist auch wirklich Zeit
zum Weihnachtsfeste sein bereit,
da Gott vom Thron gesandt den Sohn
als Kind zur Erde nieder.
Also hat Gott die Welt geliebt,
dass Er für uns dies Opfer gibt,
das uns spricht frei von Sklaverei,
gibt uns den Himmel wieder!

So ward Advent zur Weihnacht.
Ja, herrlich hat´s der Herr vollbracht!
Doch horch, es schallt „Der Herr kommt bald
zur Erde nochmals nieder!"
Wohl denen, wo Advent stets war,
die wartend wachten immerdar:
sie nimmt der Herr von Nah und Fern
zu sich auf ewig wieder.

Advent! – O Mensch, sei auf der Hut!
Denn nur, wer rein durch Christi Blut,
als seine „Braut", den Herrn dann schaut,
im Hochzeitssaal dort oben!

Drum komm, dieweil es noch Advent!
Gib auf, was dich von Gott noch trennt!
Er gibt noch heut dir Fried und Freud,
und ew´ges Leben droben.

K. P.

Der Sinn der Weihnacht

A: Gläubiger
Nun ist es wieder Weihnachtszeit:
das Fest der heil´gen Feste!
Gott hat uns Seinen Sohn geweiht:
gab uns Sein Allerbestes.
Und Jesus Christ´ kam in die Welt
als kleines Kind vom Himmelszelt,
hat sich uns Menschen gleichgestellt –
unter Bethle´ms Gästen.

B: Ungläubiger
Wozu hat Gott denn das getan,
wenn man dem glauben wollte?
Ist das nicht gar ein irr´ger Wahn,
den man verwerfen sollte?
„Ich wär der Höchste auf dem Thron,
und hätte einen eizigen Sohn;
dem ich anstatt die Königskron,
was Arges geben sollte?" –

B: Niemals! – Was wär ich für ein Mann,
um so was tun zu können?
Mein Freund, hör mich erst weiter an,
lass mich die Ursach nennen!

A: Das war und ist noch Gottes Lieb´,
dass Er den Sohn aus heil´gem Trieb
ins Reich des Todes übergibt,
um uns vom Tod zu trennen.

Der Tod kam durch den Sündenfall:
als einst die erste Ehe
nicht hörte dem, was Gott befahl,
da war´s um uns geschehen.
Sie wussten klar um das Gebot:
Wer Sünde tut, verfällt dem Tod;
doch Satan trüglich ihnen bot:
Es wird nicht also gehen.

B: Nun ja, - da hast du recht gesagt:
Wir sind dem Tod verfallen!
Und das hat Gott für uns gewagt,
Rettung zu bieten allen?

A: Zur Weihnacht schließlich Jesus kam,
und uns´re Sünden auf sich nahm
und starb für uns am Kreuzesstamm, -
zu Gottes Wohlgefallen.

Und dieses ist kein irr´ger Wahn,
wie du gestellt die Frage:
Mit Weihnachten fing´s für uns an,
lass mich´s dir´s nochmal sagen.
Ich selbst erlebte Gottes Gnad,
dass Er auch mein erbarmt sich hat,
drum preis´ ich Ihn für solche Tat
in diesen Weihnachtstagen.

B: Wenn das der Sinn der Weihnacht ist,
dann lohnt es sich zu wagen,
das Herz zu geben Jesus Christ,
der uns´re Schuld getragen.

A: Oh tu´s, - am Weihnachtstag, - noch heut!
Noch nie hat es ein Mensch bereut,
der ganz sein Herz dem Herrn geweiht:
Komm! - Du wirst´s nie beklagen!.

K. P.

Zwiegespräch zu Weihnachten

A: Du bist ein Christ - ich bin´s noch nicht -
du gehst zur Kinderstunde;
Erzähl mir bitte die Geschicht´,
die echte Weihnachtskunde!
Bei uns ist Weihnachten nichts mehr als:
Weihnachtsbaum, Geschenke;
man richtet Gänsebraten her
und feiert ohn` Bedenken.

B: Mit einem Wort kann ich das nicht.
Es hat seine Geschichte:
Die Bibel gibt uns hierin Licht.
Willst du? - will ich berichten.

A: Ja, ja, fang an! Ich willige ein,
doch sollst du auch erklären:
Was hat´s da mit dem Christkindlein
und auch mit dem Bescheren?

B: Nun sind wir da, so fing es an,
mit Joseph und Maria:
Die traten eine Reise an,
nach Betlehem zu ziehen.

A: Joseph - Maria - Betlehem -
da hört´ ich von, doch leider,
ich wüsste nicht woher es käm,
erzähle bitte weiter!

B: Kaiser Augustus fand es recht,
Volkszählung abzuhalten;
dann auch nach Stamm und nach Geschlecht:
die Jungen und die Alten.
Aus Betlehem kam Davids Stamm,
dies waren die zwei Seelen;
d´rum Joseph auch Maria nahm,
um sich zu lassen zählen.
Und dort geschah´s zur Weihnachtsnacht
nach Gottes heil´gem Willen,
was Gottes Wort vorausgesagt,
das ging nun in Erfüllung.

A: Wie?- Was geschah in jener Nacht?-
Und was war Gottes Wille?
Was war - von wem - vorausgesagt?
Das musst du mir enthüllen!

B: Ein zweites Wunder noch geschah
zu Betlehem im Felde;
Hab nur Geduld, - gleich sind wir da,
wovon ich schon erzählte:
Es waren Hirten auf dem Feld,
die hüteten die Herden.
Ob der verheiß´ne Gottesheld
bald kommt auf diese Erde?-

A: Die Hirten, - Christkindlein im Stall, -
in einer Krippe liegend:
gibt´s Herbergen zwar überall, -
für Ihn fehlt Haus und Wiege.

B: Das soll bedeuten: Christus kam,
ward arm um unsretwillen,
dass auch der Ärmste kommen kann
und seinen Kummer stillen.

Die Hirten plötzlich schau´n empor:
Ein Licht hat sie geblendet.
Schneeweiß ein Engel steht davor:
die Furcht zur Freude wendet:
„Fürchtet euch nicht! Ich künde euch
auf Erden große Freude!,
die alles Volk in jedem Reich
erfahren soll im Leide."

„Denn heute euch geboren ist
in Betlehem der Heiland,
welcher der Herr ist: Jesus Christ,
in Davids Stadt! Nun eilet!
Und dies soll euch zum Zeichen sein,
wie ihr das Kindlein findet:
In einer Krippe, arm, doch rein,
gewickelt drin in Windeln."

A: Dann stimmt das mit dem Kindlein doch,
mit Krippe, Hirten, Engel!
War da nicht von viel Engeln noch
erwähnt und Lobgesängen?

B: Doch, - als dies kaum verkündet war,
sie kaum vom Schock erwachen,
war plötzlich eine Engelsschar,
die lobten Gott und sprachen:

Ja, „Ehre sei Gott in der Höhe,
und Friede sei auf Erden!
Den Menschen soll, statt Ach und Weh, -
Rettung, Erlösung werden!“
Nun war den Hirten alles klar;
sie sprachen: „Lasst uns gehen,
zu suchen, was verkündet war,
und die Geschichte sehen!“

Sie eilten hin und fanden dort
das Kind, Josef, Maria;
viel´ Schafe gab´s an diesem Ort,
Küh´, Esel waren auch da.
Hier in der Krippe lag so arm
die Reichste aller Gaben,
von der auch die Propheten warm
und klar verkündet haben.

Dies heißt: Gott gab uns Seinen Sohn,
weil Er uns Menschen liebte;
Der kam herab von Seinem Thron:
als Mensch das Menschsein übte,
damit Er uns verstehen kann,
die ohne Ihn verloren:
uns zu befrei´n aus Satans Bann,
ward Gottes Sohn geboren.

B: Ist dir nun klar, was Weihnacht ist? -

A: Ja, nun hab ich´s vernommen.
Doch, ist der Heiland Jesus Christ
zurück zu Gott gekommen? -

B: Ja, doch erlitt Er erst den Tod am Kreuz
für uns´re Sünden:
nun kann der Mensch aus Sünd und Not
bei Ihm Erlösung finden.

A: Dann wär auch ich Ihm nicht zu schlecht,
wenn ich dies könnte glauben?

B: Nein, komm nur! Jeder hat das Recht,
das dir kein Feind kann rauben!
Oh glaub´, was rechte Weihnacht´ ist! -
Gib Ihm dein Herz beizeiten!
Dann wird dein´ - der Herr Jesus Christ, -
du Sein´ - für alle Zeiten!

K. P.

Weihnachten

Nun ist es Weihnacht einmal wieder!
Das Fest, das jeder feiern mag;
Schon oft ertönten Weihnachtslieder
selbst in Geschäften manchen Tag.
Man machte damit Stimmung schon
zum Weihnachtsfest, für guten Lohn.

Mann sorgte eifrig für Geschenke;
ein vielfach´ Sonderangebot.
Doch wenige ans Beste denken:
an Den, Der alles gibt: an Gott,
der Brot und Himmel hat gemacht,
und dennoch an uns hat gedacht.

Die Sünde ist uns angeboren,
von Kind auf ist sie angeerbt:
so sind wir ohne Gott verloren,
weil uns die Sünde hat verderbt.
Doch war dies Gottes Wille nicht:
des Menschen Tod und dann Gericht.

Gott wollte für uns ew´ges Leben,
doch ist der Tod der Sünde Lohn,
drum hat für uns Er hingegeben
die größte Gabe: Seinen Sohn!
Gott hat an Ihm, den Er so liebt,
an un´rer Statt Gericht geübt.

Versteh´n wir nun was das bedeutet?
Was Weihnachten im Grunde ist?

Gott hat für uns den Weg bereitet,
durch unsern Heiland Jesus Christ!
Der kam aus Seinem Himmelreich
und ward uns armen Menschen gleich.

Er wollt´, dass wir den Himmel erben
und nicht den Tod, sondern Sein Reich!
Er kam herab, für uns zu sterben:
Ist ein Geschenk auch diesem gleich?
Wer dieses glaubt, davon nicht lässt:
Der hat das schönste Weihnachtsfest.

K. P.

Zu Weihnachten

A: Also hat Gott die Welt geliebt,
dass Er den einzigen Sohn uns gab,
Der jedem Sünder Frieden gibt,
von Dem auch ich Erlösung hab.
Und Jesus kam für Groß und Klein,
denn niemand sollt´ verloren sein!

B: Das ist ein fremdes Bild für mich,
was du da malst, begreif ich nicht,
dass Gott erbarmt des Sünders sich,
und ihn errettet vom Gericht?
Dass Jesus kam in diese Welt,
hat alles gar zurechtsgestellt?

A: Das trug sich in der Weihnacht zu,
das Jesus auf die Erde kann,
und wurde Mensch, wie ich und du,
am Menschenleben auch teilnahm.
Nur eines fand man nicht beim Herrn:
Er blieb von jeder Sünde fern.

B: Was hat denn das mit uns zu tun?-
Wir sind nicht sündlos auch nicht rein.

A: Versucht´s doch zu begreifen nun:
Er wollt´ an uns´rer Stelle sein!
Denn nur ein reines Opfer gilt vor Gott,
was ganz den Zweck erfüllet hat.

B: Ist das denn echt der Weihnacht Sinn,
dass Jesus auf die Erde kam,
und gab sich für uns Sünder hin,
und uns´re Schulden auf sich nahm?
Wenn das so ist, dann will auch ich
des Weihnachtswunders freuen mich!

A: Ja, - Jesus kam in diese Welt,
klein, als ein Kind: in Betlehems Stall:
doch dann besiegte Er als Held
am Kreuz des Feindes Mächte all´.
O glaub´ an Jesum Christ´ auch du!
Dann hast du jetzt und ewig Ruh!

K. P.

In der Weihnachtsnacht

Der Vater fort, die Mutter lang schon krank
und bitter kalt ist heut die Nacht der Nächte.
Ihr Töchterlein um beider Seelen bangt,
und nichts ist da, das heute Trost ihr brächte.

Da spricht die Mutter: Kind, hör einmal zu!
Dein Vater sitzt als Räuber im Gefängnis;
es lässt mir diese Weihnacht keine Ruh,
er leidet dort; auch wir sind in Bedrängnis.

Geh hin und sag ihm, dass heut´ Weihnacht ist,
dass in der Stadt man jauchzt und singt vor Freuden,
weil einst zur Welt gekommen Jesus Christ; -
doch uns heut´ Hunger quält, auch Frost und Leiden.

Doch sag´ dem Vater, dass wir´s dulden gern,
wenn er nur könnte werden neu geboren!
Dass er um Gnade möchte fleh´n zum Herrn,
der rettet sicher jeden, der verloren!

Und sollte selbst der Tod sich nahen mir,
dann sag ich ihm: Ich will mein Kind erst sehen!
Ich warte dein,- Gott geb Gelingen dir!
Ich seh´, du frierst und weinst, doch musst du gehen.

Sie geht. Es strahlt aus jedem Fenster Licht,
weil ja die Sonne noch nicht aufgegangen;
doch weilt sie bei dem Schein der Kerzen nicht,
den Vater nur zu sehn, ist ihr Verlangen!

Da steht auch schon das Zuchthaus: Welch ein Bau!
Das größte Haus der Stadt mit hohen Mauern;
der Wächter steht am Tor und schaut genau,
dass keiner flieht aus diesem Haus voll Trauern.

„Lass mich hinein, mein Vater ist hier drin.
Daheim ist Mutter krank und muss noch hungern!“
Des Kindes Bitte geht ihm durch den Sinn, -
sie hat sein Herz gerührt, hat ihn bezwungen:

„Nun geh, mein Kind, weil heute Weihnacht ist,
wer wird mich heut´ für diese Wohltat strafen!?
Das Kind vor Freude all´s Leid vergisst,
und eilt durch´s Tor, scheut weder Schloss noch Waffen.

Der Wächter ließ sie gehen, welch ein Glück!
Vor solcher Liebe weichen Schloß und Türen!
Sie fragt den Wärter dann mit frohen Blick:
„Ich bitte Sie, zum Vater mich zu führen!“

Da hört sie: „Hundertsieben, schnell steh auf!
Dein Töchterlein ist hier, und möchte dich sehen!“
Er sieht sein Kind und eilt im vollen Lauf;
aus Angst, es sei ein Traum und könnt vergehen.

Schon fühlt das Kind in Vaters Armen sich;
O welch ein Glück! Sie kann es kaum verhehlen:
„Mein Vater, ich hab ein Geschenk für dich!“
und fängt ihm an, von Mutter zu erzählen.

Sie sandte mich zu dir in dieser Nacht
und will, dass du zu Jesus möchtest beten,

der dir und mir hat ew´ges Heil gebracht;
auf dass du möchtest Gottes Weg betreten." -

„O Dank sei ihr,- auch dir, mein Kind, sei Dank!
O lass uns fleh´n um dies Geschenk zusammen!
Vergib mir Herr!- Du weißt, wie tief ich sank,
wie ich verschmähte Deinen heilgen Namen!

O Herr, Der Du zur Welt kamst arm und klein,
lass mich aus Dir heut´ werden neugeboren!
O wasche mich von allen Sünden rein!
Denn ohne Dich, bin ewig ich verloren!

Gib Kraft, zu siegen mir von heute an,
im Kampfe gegen Bosheit, Hass und Rache!
Mach mir zum Ziel Dein himmlisch´ Kanaan!
Lass treu und fest mich stehn für Gottes Sache!

So beten Kind und Vater auf den Knien;
welch Glück mag wohl beseelen die Gemüter?
Satan muss heut´ besiegt von dannen ziehn! -
Dies alles sieht und hört im Gang der Hüter.

Da fällt auch er vor Jesus auf die Knie,
um seine Last zu Füßen Ihm zu legen.
Den Weihnachtstag vergisst auch er wohl nie; -
Ja allen, die dies sahn, ward es zum Segen.

„Was willst du, Vater, das ich Mutter sag?" -
„Sag ihr, dass Jesus Christ nun lenkt mein Ruder!"
Errettet hat Er mich an diesem Tag
und macht mir jeden Feind zum lieben Bruder!

Sag ihr auch noch, dass bald ich komme heim;
so sagt´s mein Herz mir vor heut´ Morgen;
dann soll bei uns ein and´res Leben sein,-
ich will ihr Freude machen - anstatt Sorgen!

So lief das Kind im Morgenrot nach Haus,
wohl glücklicher als alle andern Leute:
„Lieb´s Mütterlein, dein Leiden ist nun aus!
Mein Vater ist nicht mehr des Satans Beute!“

Errettet hat ihn Gottes große Gnad!
Steh auf Mama, vergiss deine Beschwerden!
Vergessen sei nun, was er früher tat! -
Er sagte mir: Nun soll es anders werden!“

Da stand die Mutter auf mit neuem Mut!
Ihr Mann, - ein Räuber, - ward zum Gotteskinde!
Preis sei dem Herrn, Der solche Wunder tut!
Dann kann auch uns´re Not Er gnädig lindern.
Amen.

Übersetzt K. P.

Zu Weihnachten (Zwiegespräch)

Das heil´ge Weihnachtsfest ist wieder eingekehrt!
Der Sohn des Höchsten ist zu uns gekommen!
Als ein Geschenk für uns, Ihn selbst der Herr beschert!
Weißt du es schon? Hast du´s schon mal vernommen?

Weihnachten ist, davon weiß ich sehr gut Bescheid,
Geschenke, die hat´s auch bei uns gegeben.
Doch dass selbst Gott uns Seinen Sohn als Gabe weiht,
Das kann nicht sein, das geht ja über´s Leben!

Das ward Er auch für dich und mich zu Schand´ und Spott.
Das war ja Gottes große Liebe eben!
Er sah, wie uns als Sünder drohte ew´ger Tod!
Sein Plan war doch, uns geben ewges Leben.

Da sprach der Herr: „Mein Jesus, willst Du geben Dich?
Du weißt, dass jede Sünde fordert Strafe!
Doch weißt du auch, wie sich der Teufel einstens schlich
hinein ins Herz der unschuldigen Schafe?

„Ich geh, mein Vater, Deinen Willen tu´ ich gern!
Ich weiß, Du willst auf mich die Sünden legen
der ganzen Menschheit, die von Dir so weit, so fern!
Ich nehm´s auf mich, sei´s nur der Welt zum Segen!“

So machte Gott den großen heilgen Plan zur Tat:
Als Kind ward´ Jesus in die Welt geboren.
Als Mensch ging Er ans Kreuz für uns den blut´gen Pfad,
Um uns zu retten, ward Er auserkoren!

„Verstehst du nun, mein lieber Freund, was Weihnacht ist?"
- „Verstanden hab ich´s wohl, doch das zu fassen,
dass Jesus Christus auch für mich geboren ist,
dass Er des Himmels Herrlichkeit verlassen,

ja selbst den Thron, die Engel und des Vaters Reich,
um dort am Kreuz auch meine Schuld zu büßen.
Zu viel!" - „Und doch, bin ich der größte Sünder gleich,
nimm hin mein Herz, ich leg es Dir zu Füßen!"

Wer wollte heut´ noch folgen dieser Seele hier?
Welch ein Geschenk kannst du dem Heiland geben?
O öffne Ihm, ist´s gleich auch schwer, des Herzens Tür,
dann zieht Er ein und bringt dir ew´ges Leben.

K. P.

Weihnachtsgedicht

(Begrüßungszwiegespräch)

A: „Willkommen!“ tönt´s heut überall
in Kirche und Gemeinde,
„willkommen seid uns allzumal,
lieb´ Eltern, liebe Freunde!“

Ein Willkomm´gruß heut´ froh erschallt
für alle Gäste, Jung und Alt,
zum Fest der heilgen Weihnacht,
da Gott uns ew´ges Heil gebracht!

B: „Auch ich bin froh, dass ich hier bin;
hab´ euren Ruf vernommen,
da zog´s mich zu euch Kindern hin,
bin ich denn auch willkommen?“ -

A: „Oh ja, willkommen bist auch du,
doch warte nun und höre zu,
bis ich den Gästen hab erklärt,
WAS Gott aus Liebe uns beschert´.“ -

B: „Ach bitte, sag es erst doch mir,
was heute ist geschehen?
Die alle, sind so glücklich hier:
ich kann´s an ihnen sehen!

Doch ich, ich weiß von Glück noch nichts;
vom ewgem Heil, davon du sprichst.
Ich weiß nur, dass zur Weihnacht
Gott das Christkind uns gebracht.

A: „Ja, richtig! Christus, Gottes Sohn, -
da hast du recht vernommen -,
verließ den Himmel, Gottes Thron,
und ist zu uns gekommen.

B: Was trieb Ihn aus dem Himmelszelt
Zu uns herab in diese Welt?
A: Uns zu erretten aus der Not,
von Sünde und vom ewgen Tod.

B: Gab´s denn kein andres Mittel mehr,
uns Sünder zu erretten,
als dass den heilgen Christ, der Herr,
ins Kripplein musste betten?

A: Nein, keines mehr! Nur Gottes Sohn
konnt auf sich nehmen Spott und Hohn,
die Sündenschuld der ganzen Welt:
Er ward´ für uns das Lösegeld!

B: Ist meine Schuld denn auch bezahlt?
Bin denn auch ich nun auserkoren
von Jesus Christ, der einst im Stall
zu Betlehem geboren?

A: Ja, wenn du´s glaubst, ist alles gut,
denn auch für dich floss ja Sein Blut,
als Er verblich am Kreuzesstamm
für alle Welt als Opferlamm.

B: Ich hab´s: Ich glaube! - Nun steht´s fest,
ich gehe nicht verloren!
Denn Christus ist am Weihnachtsfest
ja auch für mich geboren!

A: Oh kommt zu Jesus, Groß und Klein!
Lasst´s auch bei euch nun Weihnacht sein!

B: Tut´s, so wie ich, dann seid ihr reich,
dann wird es Weihnacht´ auch bei euch!

K. P.

Zum Erntedankfest (I)

Kommt lasst uns unserm Gott die Ehre geben,
der so für uns gesorgt auch dieses Jahr!
Er ist´s, der wachsen ließ für uns zum Leben
die Früchte, die wir seh´n, so wunderbar!
Allein ihr Anblick fordert auf zum Danken.
Wie glänzt doch jede Frucht in ihrer Pracht!
Doch waren größer Gottes Heilsgedanken:
für uns zur Speise hat Er sie gemacht!

Wie weise ist doch Gottes heil´ges Walten!
Er schuf die Erde, sprach: „Es werde Licht!“
Er gab den Sternen, Sonn und Mond Gestalten,
dass Tag und Nacht stets wechseln ihre Schicht.
Dann ließ Gott Kräuter wachsen, Gras und Bäume,
die je nach ihrer Art dann Frucht gebracht:
von solcher Allmacht können wir nur träumen, -
ja wunderbar hat alles Gott gemacht!

Er gab auch Tieren aller Art das Leben,
schuf Vögel, Käfer, Schmetterlinge fein;
Gott ließ den Walfisch aus dem Meer sich heben,
schuf and´re Meerbewohner groß und klein.
Er sah die Tier- und Vogelwelt sich regen,
die Er so schön und weise hat erdacht;
sah Meerwunder im Wasser sich bewegen,
und sieh: - es war „sehr gut“, was Gott gemacht!

Doch waren all die Wunder Ihm zu wenig,
obgleich die Erde voller Schönheit war:
Es fehlte an der Schöpfung noch der König,

der über alles herrschte immerdar!
Da sprach der Herr dann: Lasst uns Menschen machen!
Ein Bild, das gleich Uns sei in aller Pracht!
So durfte Adam dann als Mensch erwachen,-
und Eva hat als „Zweite“ Gott gemacht!

Da sprach der Herr den Segen auf die Beiden:
Füllet die Welt, macht sie euch untertan!
Der Tierwelt dient das Gras und Kraut zur Weide,
ihr nehmt der Bäume Frucht als Speise an!
Doch dürft auch ihr von dem, was wächst auf Erden
und was zur Speise gute Frucht gebracht,
für euch auch nehmen, dass ihr satt könnt werden,
denn dazu hat es euch der Herr gemacht!

Doch fiel der Mensch, von Satan jäh betrogen,
gar bald, nur weil verbot´ne Frucht er aß:
Die Schlange hatte Eva vorgelogen,
und sie, die Ungeprüfte, glaubte das.
D´rum trieb der Herr sie aus dem Paradiese,
weil im Gehorsam beide sie versagt;
nun waren auf sich selbst sie angewiesen,
weil sie dem Herrn und selbst sich Schmerz gemacht.

So ging der Mensch dann aus, das Feld zu bauen,
das dornig, steinig war von früh bis spät;
im Schweiß des Angesichts, doch im Vertrauen,
dass er auch ernten wird, was er gesät.
So ging es Jahr um Jahr dann: Säen - ernten - ...
Wie einstens Gott zu Noah auch gesagt;
und immer mehr der Frücht´ sie kennenlernten.
D´rum heute schaut, was Gott für uns gemacht!

Schaut nur die Früchte an in allen Farben,
in allen Größen, einfarbig und bunt!
Wenn sie nicht wären, ach, dann hieß es darben!
Nun aber darf sie schmecken unser Mund.
Mann kann sie essen, Speise d´raus bereiten,
wenn man sie brät, gar kocht mit Feuersmacht,
wie schmackhaft und wie schön von allen Seiten,
ist jede Frucht, die G o t t für uns gemacht.

Auch, was im Paradiese ward´ verdorben,
hat der barmherz´ge Gott zurechtgebracht!
Für uns´re Schuld ist Jesus Christ gestorben:
Der Weg zum Paradies ist freigemacht!
So hat der Herr gesorgt für Leib und Seele.
Nun frag ich dich: Hast du schon Frucht gebracht?
Willst du an Jesu Erntetag nicht fehlen,
dann komm zu Ihm, denn bald ist´s finst´re Nacht!

K. P.

Zum Erntedankfest (II)

A: Wir dürfen wieder Erntedankfest feiern,
Gott sei gelobt für seine Lieb´ und Treu!
Wie wär doch ohne Ernte alles teuer,
Gott hat gesegnet uns jedoch auf˝s Neu´!

B: Schon labt der Segen Gottes uns´re Augen.
Wie ist doch jede Frucht so wunderschön!

C: Noch schöner ist´s, dass sie zum Essen taugen,
ob sie auch liebreich schon sind anzusehn.

D: Dazu hat Gott die Früchte auch gegeben,
sie dienen uns zur Speise für den Leib.
Und durch den Leib hat auch die Seel´ ihr Leben,
und diese Beiden noch ein Geist bereit.

C: Wie wunderbar und groß sind Gottes Werke!
Erst schuf die Früchte, Er, dann uns dazu.
Damit wir Leib und Seele können stärken,
wenn wir nach Müh´ und Arbeit haben Ruh.

E: Und unser Geist, den Gott blies in die Nase:
durch Ihn bekamen Leben Seel´ und Leib!
Durch Ihn bekamen Nerven, Zellen, Fasern,
die Arbeit, die ja unser Geist betreibt.

B: Es ist, was du da sagtest, wohl kein Fehler,
und doch komm´ zu den Früchten ich zurück.
Denn Speise hält zusammen Leib und Seele,
und sterben die, - hat auch der Geist kein Glück!

E: O ja, die Drei sind eins doch nur für´s Leben:
der Geist geht nicht ins Grab dem Leibe nach.
Der schwingt sich auf zu Gott, Der ihn gegeben,
wenn er zu neuem Leben ist erwacht.

C: Ja und die Seele, - wo wird die denn landen?
Sie ist die Mitte ja von diesen Drei´n.

B: Bekommt der Leib die Seel in seine Banden,
dann ist ihr Teil der Tod und ew´ge Pein.

D: Doch wenn des Menschen Geist von Gott geboren
und hat die Seele Er in Seiner Macht,
dann gehen Geist und Seele nicht verloren.
Sie ruh´n bei Gott in ewger Himmelspracht.

A: Ihr Lieben, wir sind gänzlich aus dem Gleise,
wir feiern nämlich Erntedankfest heut´!
Lasst uns den Schöpfer loben für die Speise,
die Er uns durch die Früchte hält bereit!
Ist euch denn Gottes Segen nicht mehr teuer?
Seht euch doch an den Saal in seiner Pracht!
Wir sollen heute Erntedankfest feiern
und nicht, was Gott mit Leib und Seele macht.

F: Wir feiern Erntedankfest, das ist ja richtig
und gut, wenn sich heut´ jeder dankbar freut.
Doch lass uns noch ein Erntefest sein wichtig,
wo man wird Früchte seh´n der Ewigkeit!

K. P.

Krippe, Kreuz und Auferstehung

Teil 1

Von Anfang schon verhieß der Herr der Welt,
zu senden einen Retter auf die Erde.
Durch Abraham, durch David, seinen Held,
durch die Propheten ließ Er kund es werden.

Jesaja sieht den großen Tag ganz klar,
und spricht: „Ein Kind ist nun geboren!
Ein Sohn ist und gegeben: Wunderbar!
Zur Herrschaft hat der Herr Ihn auserkoren!"

Auch heißt Er „Wunderbar-Rat, Kraft und Gottesheld"
gar „Ewig-Vater" nennt Er Seinen Namen!
Wer ist denn das, den Gott so hoch gestellt?
Der selbst das „A" und „O" ist, ja das „Amen"?

Der „Friedensfürst" Jesaja ihn noch heißt;
des Friedensherrschaft wird kein Ende nehmen!
Der kam zu uns: Der Herr sei hoch gepreist!
Sein Zweck und Ziel war: Satans Macht zu zähmen.

Ja, gar zu retten uns aus seiner Haft,
zu tilgen aller Menschen schweren Sünden!
O glaub´ es nur, dann spürst du Gottes Kraft;
Vergebung, Frieden, wirst bei Ihm du finden.

Teil 2

So wuchs heran, der Mensch geworden war;
des Namen Zacharias „Jesus“ nannte.
Schon mit zwölf Jahren in der Priester Schar
im Tempel, Gott den Vater Er bekannte.

Dann blieb Es still, bis Ihn Sein Vater rief
zum Wirken hier auf Erden, und zum Zeugen,
dass jeder Mensch sein Tun und Wesen prüf′,
um sich in Reu′ und Buß′ vor Gott zu beugen!

„Tut Buße!“ rief Er, „ändert euren Lauf!
Das Himmelreich ist nahe euch gekommen!“
„Wohl dem, der Mir heut tut sein Herze auf,
den hat als Kind mein Vater aufgenommen!“

Er heilte Kranke, gichtbrüchig und lahm;
den Blinden schenkte Er das Sehen wieder.
Besessen, aussätzig, wie man auch kam,
Jesus half jedem, der vor Ihm fiel nieder!

Doch ach; das war den Menschen nicht genug,
sie wollten einen andern König haben.
Die Priester fragten Ihn voll List und Trug:
„Sag uns, von wem hast du die Wundergaben?

Durch Beelzebub treibt Er die Teufel aus,
von welchen viele Menschen sind besessen!
Den dulden wir nicht mehr in Gottes Haus!
Er hat gewagt, Jehova hier zu lästern!

Er hat sich selbst zu Gottes Sohn gemacht,
verführt die Menschen: Last uns Ihn verklagen!
Er will ein König sein von großer Macht;
dann wird Er bald das Kreuz statt Krone tragen!"

Teil 3

So kam es auch: Sie hielten einen Rat;
da kam auch Judas, Jesus zu verraten.
So wurde jener böse Plan zur Tat:
für Geld den Herrn verkauft Sein Diener hatte!

Am nächsten Tag kam dann das Passafest.
„Mich hat verlangt, das Osterlamm zu halten
mit euch"; sprach Jesus, „nehmt das Brot und ess´t:
es ist mein Leib, der für euch wird erkalten!"

Danach nahm Er den Kelch, dann dankend gleich
Er sprach: „Trinkt daraus alle, meine Jünger:
dies ist mein Blut, das fließen wird für euch",
für jeden Sünder, Armen und Geringen!

Als dann der Lobgesang gesprochen war,
zum Ölberg nach Getshemane sie gingen.
Dort ließ der Herr zurück der Jünger Schar,
allein musst´ Er mit Tod und Teufel ringen.

Dort drang auf Ihn die ganze Höllenmacht;
im Kampf Sein Schweiß wie Blut fiel auf die Erde!
Die Jünger schliefen; - keiner ist erwacht,
zu lindern Jesu Leiden und Beschwerden!

Bis Jesus erst; „Steht auf nun!“, rufen muss,
„der mich verrät, ist nahe. Lasst uns gehen!“
Auch Judas eilt, gibt Jesus einen Kuss. -
Und schon sieht Er die Feinde um sich stehen.

Sie führen zum Gericht Ihn, dann zum Kreuz,
wo Er mit Mördern Schmach und Spott muss tragen.
Auch dort Er einen Schächer noch erfreut,
der um Erbarmen fleht in Angst und Zagen.

Da schallt´s noch einmal laut: „Es ist vollbracht!“
Zerrissen sind der Hölle schwere Ketten!
Besiegt ist nun des Teufels Todesmacht!
Der Weg für dich ist frei: Komm, Jesus kann dich retten!

Teil 4

Die Pharisäer war´n sich sicher nicht: -
Pilatus lässt des HERREN Grab bewachen.
„Sonst stehlen ihn die Jünger!“ Kaiphas spricht,
„dann haben wir den Ärger und sie´s lachen!“

Am dritten Tag doch, früh im Morgengrauen,
erbebt die Erde; kann das möglich sein?
Gleich einem Blitz, lässt sich ein Engel schauen! -
Maria blickt ganz ängstlich drein. -

Der tritt herzu, wälzt ab den schweren Stein.
Die Hüter kreidebleich, wie tot vor Schrecken.
Ein Ende hat nun Zweifel, Angst und Pein!
Der Engel kam, den Gottessohn zu wecken!

Maria sucht den Herrn, der nicht mehr da,
da hört sie Jesu Stimme plötzlich klingen:
„Maria!“ - „Rabbi mein! Halleluja!“
Erstanden ist der Herr!, drum lasst uns singen!

K. P.

Wofür?

Welch Menschenmassen dort, wie Meereswogen!
Nach Golgatha die Menge gierig blickt:
dahin, von Römerkriegern fortgezogen,
geht Jesus, den das Kreuz schwer niederdrückt.

Sein Angesicht ist blutig und zerschunden,
weil eine Dornenkron man d´raufgesetzt;
so trägt Er, voller Striemen, voller Wunden,
das Kreuz, bis Er zur Erde sinkt zuletzt.

Die Frauen weinen: Welche Schreckensszene!
Gibt´s keinen denn, den solch ein Schmerz bewegt?
da zwingt man einen Simon von Kyrene,
der Ihm das Kreuz zur Schädelstätte trägt.

Gibt´s nichts denn, was die Not dem Herrn kann lindern?
Wofür trifft Ihn solch schweres Strafgericht? -
„Ach, weinet über euch und eure Kinder,
- nicht über mich!“ der Herr voll Liebe spricht.

Ihn jammert sehr der Frauen Schluchzen, Stammeln,
ob auch entkräftet ganz, Er weiter spricht:
„Ich wollte euch wie Küklein um mich sammeln,
doch, ach Jerusalem, du wolltest nicht!“

Da tragen Ihn nicht mehr die matten Glieder,
Er fällt.- Der Menge Antwort: Spott und Hohn:
„Arzt, hilf dir selbst! Steigst Du vom Kreuz hernieder,
dann glauben wir, dass Du bist Gottes Sohn!“

Man reißt Ihn hoch, nicht achtend Seiner Wunden:
„Auf, auf, an´s Kreuz: dort zeigen wir es Dir!“ -
Es schient, als hätt´ die Höll´ IHN überwunden;
und bebend schreit das Harz: Wofür, wofür?

Nach Golgatha stets neue Mengen strömten,
ob schon der Hügel wie lebendig war;
„Heil Dir, o Judenkönig!“ viele höhnten, -
doch Er stand wie ein Opfer am Altar.

Da strecken sie nach Jesus aus die Hände
und reißen Ihm vom Leib Gewand und Kleid;
auf´s Kreuz wird Er gestreckt, entblößt, geschändet, -
doch Gottes Sohn nicht um Erbarmen schreit.

Dann setzt man Nägel Ihm an Händ´ und Füße,
schon schlagen zu die Henker voller Wut;
O Gott, wofür muss Christus solches büßen?
Wofür quillt aus den Wunden nun Sein Blut?

Doch still hält Jesus stand den schweren Hieben;
es scheint, als fleht Er für die Feinde jetzt;
Die Augen schau´n zum Himmel voller Liebe,
dieweil Sein Blut den Kreuzesstamm benetzt.

Da tönt durch das Gewühl ein Schrei des Flehens,
damit auch meines Herzens Schrei stimmt ein.
Es ruft der einstens blinde Bartimäus:
Wofür, mein Retter, duldest Du die Pein?

Da kam der Hügel plötzlich, wie in´s Wanken,
das Kreuz erhob sich unter Spott und Hohn;

O hätt´ das Volk gewusst des Herrn Gedanken,
dass g´rad´ für sie am Kreuz hängt Gottes Sohn.

Da stand das Kreuz. – Mit banger ernster Miene
schaut nun ein jeder Den am Kreuze an;
da tönt es laut: „Vergib, o Vater, ihnen!
Sie wissen nicht, was sie an Mir getan!“

Wofür,- ruft mancher doch, ist Er verraten?!-
Wofür erleidet Jesus solche Qual?!-
Für Seine heil´ge, große Wundertaten?-
Doch taub sind Ohr und Herzen überall.

Auch Lazarus weint mit zerbroch´nem Herzen,
der kürzlich erst vom Tode auferstand:
Wofür macht ihr dem Meister solche Schmerzen?
Wofür habt ihr an Ihn gelegt die Hand?

Daneben ringen Marta und Marien,
von Schmerz erfüllt, die Hände hoch und fleh´n:
Wofür ließ´st Du an´s Kreuz, o Herr, dich ziehen?
Wofür muss all dies über Dich ergeh´n?

Doch plötzlich wird von Angst erfüllt die Masse,
zur Nacht wird jäh der Mittag fern und nah;
„Mein Gott! Mein Gott, warum hast Du mich verlassen!“
ertönt es schaurig über Golgatha.

Als Petrus dieses hört, erbebt sein Herze:
„Mich sollte treffen solche Qual und Schmach!
Doch Herr, wofür trägst D u solch bitt´re Schmerzen?“ -
Da tönt es laut vom Kreuz: „Es ist vollbracht!“

Das war zu viel; ich rief zum Herrn gewendet:
Wofür?- Da tönt´s vom Kreuz: „Mein Vater, ich
befehle meinen Geist in deine Hände!“
dann sank Sein Haupt herab, und Er verblich.

Dies Wort: „Wofür?“- Ich wollte es ergründen,
es ließ mir tief im Herzen keine Ruh!
„Die Antwort wirst du nur am Kreuze finden!“
so sprach mir des Geistes Stimme freundlich zu.

Um mich war´s Nacht. Ich kroch zum Kreuz auf Knien,
die matte Seele riss mich dahin fort;
zum Kreuz; zur Ruh,- der Sünd und Welt entfliehen;
doch wen erblickte ich am Kreuze dort?-

Maria lag im Staub zu Jesu Füßen;
auch sie des Sohnes Leiden nicht verstand.
Sie rief: „Wofür musst Du das alles büßen?“
während Sein Blut ihr tropfte auf die Hand.

Wofür habt ihr zerrissen Seine Glieder?
Fleht sie die Henker an: Ist das Sein Lohn?
Da sank der Hauptmann auch zur Erde nieder
und sprach: „Fürwahr, der Mensch ist Gottes Sohn!“

Mir brach´s das Herz; ich konnte nicht mehr sehen
die Qualen, die dies Mutterherz empfand,
da rief auch ich zu Gott in bangem Flehen;
und wieder mir der Satz vor Augen stand:

„Am Kreuze nur kannst du die Antwort finden!“
„Sieh!- hier, dies heil´ge Blut fließt auch für dich!“

Auch dich wäscht dies Blut rein von allen Sünden,-
denn auch für dich hier Gottes Sohn verblich!

Da ward mir klar, wofür der Herr gelitten,
der Vorhang meines Herzens riss entzwei;
Erhörung fand am Kreuz mein Flehn und Bitten,-
Am Kreuz ward ich von Sünden rein und frei.

Jetzt ist am Kreuz nur meine Ruhestätte,
weil da mein Herr mich hat vom Tod erkauft,
wo Er zerriß der Hölle Todesketten,
wo Er für mich ward mit dem Tod getauft!

Wo Er mich armen Sünder angenommen,
wo Er mich hat zu Seinem Kind gemacht;
wo Er mich zugezählt zur Schar der Frommen:
Dafür sie Christus Lob und Dank gebracht!

Drum komm auch Du zum Kreuz mit deinen Sünden!-
Schreck nicht zurück vor Satan´s finst´rer Macht!
Denn Rettung kannst auch du am Kreuz nur finden:
Dort hat es Jesus auch für dich vollbracht!

Amen

Übersetzt: K. P.

Ein Traum (I)

Im Traum bin ich Christus begegnet einmal,
Er ging mit dem Kreuz Seinen Weg;
voll Blut, voll´ Wunden, voll Schmerzen und Qual,-
und doch war voll Liebe Sein Blick.

Die Bürde des Kreuzes erdrückte Ihn fast.
Ich fragte verwundert den Herrn:
Wohin trägst Du, Heiland, auf´s Neue die Last,
die Du schon gebüßt für uns gern?

Da gab unter Tränen mir Antwort der Herr:
„Auf´s Neu´ klagen Sünden mich an!
Nach Golgatha trag ich das Kreuz, das so schwer,
wie ich´s einst aus Liebe getan.

Die Christengemeinden mich lassen im Stich,-
der Unglaube macht sich dort breit;
zwar ehren mit Worten und Liedern sie Mich,
und doch bin dem Tod ich geweiht."

Auf´s Neue die Christen mich kreuzigen heut!
Auf´s Neu muss ich fühlen den Schmerz;
Hass, Zwietracht, Habsucht und Feinschaft und Streit,
auf´s Neu´ sie mir brechen das Herz!

Die Liebe zur Welt, Nachreden und Neid
presst mir aus den Wunden das Blut:
In ihnen seh´ ich meine Henker von heut,
schmückt sie auch ein „christlicher" Hut.

Gern sitzen sie oben als „Hirten“ im Land,
doch lieber noch weiden sie sich!
Die Schafe verlieren durch niedrigen Stand,
die Einigkeit, Ruhe und – Mich!

Zu solchen sag ich, wenn Ich komm´ zum Gericht:
„Weicht von mir! - Ich kenne euch nicht!“
Drum, Bruder und Schwester, frag dich: „Herr, bin ich´s?“
Eh´ Jesus dies Urteil dir spricht!

Kehr um!- Schlage nicht mehr an´s Kreuz deinen Herrn,
mit Worten, Gedanken und Tat!
Kehr um! Gib dein Herz Ihm – ganz, willig und gern,
dien´ Ihm, Der errettet dich hat!

Übersetzt: K. P.

Der Traum (II)

Ich sah einst, auf Golgatha geißelten Feinde den Herrn.
Die Jünger entflohen,- still weinten die Frauen dort fern.
Es sausten die Geißeln, den Wunden entquoll heilges Blut,
so kühlten die Feinde an ihrem Erlöser die Wut.

Wie haben so lang sie Dir
Furchen am Rücken gemacht,
an Dem, Der Erlösung, Vergebung und Liebe gebracht,
Der Kranke geheilt, durch den Tote zum Leben erwacht,
Den schlugen die Henker und machten Ihm Schande und
Schmach.

Da schwang ein Soldat seine Geißel auf Jesum mit Macht;
Ich hielt es nicht aus,- griff ihn an,- der dem Herrn tat die
Schmach. - „Was greifst du mich an!" schrie der Henker,
ein Fluch ihm entwich; ich schaute mich um - und voll
Schrecken erkannt ich mich.

Die Augen, das Antliz, - war mein: Bin denn ich´s, Herr?
Hat denn meine Geißel Dich, Heiland, geschlagen so sehr?
Gebadet im Schweiß fuhr ich auf, rings um mich war es
Nacht; mein Leben hat also dem Herrn all´ den Kummer
gemacht.

„Wie dich sollst du lieben den Nächsten!" so sagt unser
Herr. - Ich bin oft voll Mühe und Sorgen, das Herz
freudenleer. - „Geduld ich euch not!" - O wie bin ich
der Tugend noch fern! Mein Zorn macht - wie damals
die Geißel - noch Schmerzen dem Herrn.

Auch Sanftmut und Keuschheit, das sollte mich zieren all´zeit! Ich bin noch zu stacheln und schelten den Nächsten bereit; Ich sollte ein Lamm sein, - doch bin ich dem Löwen oft gleich, - d´rum wächst keine Frucht in der Seele für Gott und Sein Reich.

Ich sah, wie im Spiegel, mein Herz samt der Seele im Traum: „O was soll ich tun, Herr, dass Dir ich allein mache Raum?“
„Groß ist meine Gnade!“ sprach Er,- „doch bringt Sünde den Tod!“ Denn willst du gerecht sein, dann halte mein Wort und Gebot!!!

Übersetzt: K. P.

Ostern

Ruft: „Halleluja, Christus ist erstanden!
Zerrissen sind des Grabes Todesbanden!
Verkündet diese Freude allen Landen
dass Jesus, der Erlöser, wieder lebt!
Der Himmelsthron und Herrlichkeit verlassen,
auf Erden kam, uns in Sein Herz zu fassen,
den man am Kreuzesstamme sah erblassen;
vor Ihm heute Satan, Tod und Hölle bebt!

Freiwillig kam Er auf die Erde nieder,
zu klein war Ihm der Engel Lob und Lieder,
Er sollte uns die Rettung bringen wieder;
die tief gefallen wir in Sündennacht!
Nur Jesus konnte unser Schicksal wenden:
Drum rief Er aus einst mit erhob´nen Händen:
„Kommt her zu mir!" - auch von der Erde Enden;
Ich will erlösen euch aus Satans Macht!

Doch ist dies alles nicht so leicht geschehen:
Gott wollt ein Opfer für die Sünde sehen,
sonst kann kein Mensch vor Seinem Schöpfer stehen,
er sei denn heilig, frei von Sünd´ und rein!
Dies hat den Heiland auch zu uns getrieben,
zu groß war Sein Erbarmen, Sehnen. Lieben,
Er sprach: „Ich gehe hin!", so steht´s geschrieben;
das wird Gott Lob, und Menschen Freude sein!

Gern will ich tun, mein Vater, Deinen Willen.
Gern will ich aller Menschen Sehnen stillen:
Auf Erden will ich Dein Gesetz erfüllen,

das nie ein Mensch zu tragen hat vermocht!
Ich will den Armen freies Heil verkünden!
Auf mich nehm´ ich all ihre Last uns Sünden;
in mir soll jeder Sünder Rettung finden,
der heut noch schwer von Satan unterjocht.

„Sieh, Gottes Lamm!“, konnt man Johannes hören:
„Er kommt des Teufels Werke zu zerstören!“
Doch ach,- Sein Volk wollt Ihm nicht Treue schwören.
Nur wen´ge nahmen Ihn in´s Herze auf.
Ob Er auch Kranke heilte, Gutes lehrte;
wohl horchten viel, doch wenig sich bekehrten,
die Pharisäer lieber selbst sich ehrten,
als Den, Der einst der Welt gab Seinen Lauf!

Doch Er blieb treu. Ihn hielt kein Höhnen, Spotten,
nicht Geißelhiebe, noch der Bösen Rotte,
die in Gethsemane dort in des Gartens Grotten,
zu fangen Jesus, kamen bei der Nacht.
Ihn, der für sie gebetet und gelitten,
mit Tod und Teufel bis auf Blut gestritten,
den führten sie zum Richter hin, inmitten
der Hohenpriester und der Römer Wacht.

Er sollte büßen, was Er nie verbrochen!
Mit Dornen wurde dort Sein Haupt zerstochen!
Vor Wut, der Hohenpriester Herzen kochen;
Hinweg mit Ihm, ans Kreuz den Bösewicht!
Für Gottessohn hat Er sich ausgegeben!
Ja nach der Königskrone war Sein Streben!
Wüsst das der Kaiser, würde der nicht leben!
Wir dulden auch den Frevler länger nicht!

So ging der Herr für uns durch Tod und Leiden.
Ihn traf die Schmach, damit wir hätten Freuden;
selbst noch am Kreuz musst´ Er vom Vater scheiden,
damit wir einen Vater hätten - Gott!
So hat der Herr Sein großes Werk beschlosssen.
Aus Lieb zu uns, hat Er Sein Blut vergossen!
Damit wir frei sind, ward Sein Grab verschlossen!
Doch selbst auch dort hielt Ihn kein Feind noch Tod!

Ja, Jesus lebt! Nun hat Er ausgerungen!
Hat alle Macht der Finsternis bezwungen!
Hat dieses Wort, „Er lebt!", auch die durchdrungen?
Wenn nicht, komm her, Er macht dich frei und rein!
Denn, glaub´s, auch du wirst einmal auferstehen!
Bist du bereit, mit Jesus dann zu gehen?
Wer Ihn verschmäht, wird einst wie Spreu verwehen!
Drum komm! Er lebt und will dein Heiland sein!

K. P.

Golgatha

O Golgatha, bist du auch diesmal der Ort,
zu dem jene Schar eilet wieder?
Wer geht mit dem Kreuz so gedemütigt dort?
Jetzt sinkt ganz entkräftet Er nieder!

Ein andrer das Kreuz auf die Schultern nun legt,
und trägt´s; Simon ist es von Kyrene!
Wer ist´s denn, der kaum sich weiter bewegt,
Den sie auch beim Gehen noch höhnen?

´S ist Jesus, der schweigend den Leidensweg geht,
nun sind sie am Ziel mit dem Opfer;
die Schar der Soldaten schon wartend dort steht,
das Blut von der Dornenkron tropfet!

Sie reißen vom Leib Ihm Sein Kleid und Gewand,
dann strecken auf´s Kreuz sie Ihn nieder;
ein Hammerschlag fällt, und durchbohrt ist die Hand,
schon netzt Heilges Blut Holz und Glieder.

Doch zittert den Henkern nicht bange das Herz,
um das, was getan sie zur Stunde.
Sie reißen Ihn hoch mit dem Kreuz, - welch ein Schmerz!
Da hängt nun der Herr an den Wunden.

Doch jammert Er nicht, wie wir´s hätten getan,
Er betet viel mehr für die Armen!
Doch sie – spotten, lästern und schreien Ihn an:
„Hilf selbst Dir; Du Arzt, voll Erbarmen!“

Doch Jesus schaut mild auf die Menge herab,
als wollte Er ihnen noch sagen:
„Für euch geh ich willig ans Kreuz, ja ins Grab,
will gern eure Sündenschuld tragen!“

Doch wütender um Ihn die Menge sich drängt,
sie wollen es heut nicht verstehen;
dass g´rade für sie Gottes Sohn blutend hängt,
die stolz Seine Gnade verschmähen.

Da ward´s plötzlich dunkel, verstummt ist der Spott,
die Strahlen der Sonne erblassen,
und Jesus ruft klagend: „Mein Gott, o mein Gott,
warum hast du jetzt mich verlassen?

Dann ruft Er: „Mich dürstet!“-
man nimmt einen Schwamm
und taucht ins Gefäß ihn, vor allen;
Gab´s denn nichts Bess´res für Dich, Gotteslamm,
als Essig mit bitterer Gallen?

Er trinkt diesen Trank, den Ihm Menschen gemacht,
Sein Leiden war hier nicht vergebens?
Nein; Er hebt das Haupt und ruft: „Es ist vollbracht!“
dann starb er, der Fürst ew´gen Lebens!

Übersetzt: K. P.